# 人工智能
## 背景下的
# 高质量充分就业

王春超　郑筱婷　王爽心　王子成　等　著

中国发展出版社
CHINA DEVELOPMENT PRESS

**图书在版编目（CIP）数据**

人工智能背景下的高质量充分就业 / 王春超等著. 北京 ：中国发展出版社，2024. 11. -- ISBN 978-7-5177-1457-6

Ⅰ. D669.2-39

中国国家版本馆CIP数据核字第2024HK2032号

书　　名：人工智能背景下的高质量充分就业
著作责任者：王春超 郑筱婷 王爽心 王子成 等
责 任 编 辑：杜　君　吴若瑜
出 版 发 行：中国发展出版社
联 系 地 址：北京经济技术开发区荣华中路22号亦城财富中心1号楼8层（100176）
标 准 书 号：ISBN 978-7-5177-1457-6
经　销　者：各地新华书店
印　刷　者：北京博海升彩色印刷有限公司
开　　本：710mm × 1000mm　1/16
印　　张：12.75
字　　数：196千字
版　　次：2024年11月第1版
印　　次：2024年11月第1次印刷
定　　价：88.00元

联 系 电 话：（010）68990642　68990625
购 书 热 线：（010）68990682　68990686
网 络 订 购：http://zgfzcbs. tmall. com
网 购 电 话：（010）88333349　68990639
本 社 网 址：http://www.develpress. com
电 子 邮 件：121410231@qq.com

---

# 课题组成员

王春超　华南师范大学副校长、教授
郑筱婷　暨南大学经济学院副教授
王爽心　暨南大学经济学院助理教授
王子成　暨南大学公共管理学院教授
聂雅丰　暨南大学经济学院博士研究生
王利君　暨南大学经济学院博士研究生
黄天鉴　暨南大学经济学院博士研究生
高楷博　暨南大学经济学院博士研究生
邓紫琪　暨南大学经济学院博士研究生
甘景丰　暨南大学经济学院博士研究生
李昌睿　暨南大学经济学院硕士研究生
张雅莉　暨南大学经济学院硕士研究生

# 本书致谢

中国劳动学会劳动科学教育分会

劳动经济学会新经济与新就业专业委员会

国家自然科学基金项目（72473056）

华南师范大学　暨南大学

伍江平　广东省人力资源研究会副会长

梁文泉　暨南大学经济学院副教授

姚加权　暨南大学管理学院教授

蒋　璇　暨南大学经济学院助理教授

吴　滟　暨南大学经济学院硕士研究生

张　瑜　暨南大学公共管理学院硕士研究生

温萍妹　暨南大学经济学院硕士研究生

朱　巧　暨南大学经济学院硕士研究生

马尊博　暨南大学经济学院硕士研究生

任春蒨　暨南大学经济学院硕士研究生

# 序

当前，新一轮科技革命和产业变革加速演进，大数据、云计算、人工智能、量子计算等新技术新应用方兴未艾，大幅提升人类认识世界和改造世界的能力，社会数字化、网络化和智能化发展大势越来越明确，一系列难以预知的新风险新挑战也越来越突出。在此背景下，“人工智能将取代哪些工作岗位”“人工智能是否将引发社会失业潮”等话题在国内外引发广泛讨论，“人工智能与就业”成为社会大众普遍关心关注的问题，成为科技界和社会科学界重大研究课题。

《人工智能背景下的高质量充分就业》的出版可谓恰逢其时。作者立足我国就业理论与实践，从人工智能发展现状、企业需求、人才供给、就业影响、人才流动等维度，探讨人工智能技术的应用与发展对社会就业的多方面影响，重点研究了促进高质量充分就业的机制与路径，深入剖析了人工智能时代就业的新特征、新机制和新趋势，并结合翔实的数据和案例论述了人工智能对高质量充分就业的积极作用，提出了相应的对策建议。相信《人工智能背景下的高质量充分就业》能为读者更好认识、理解、把握人工智能时代就业市场的新变化提供较为全面且深刻的视角和参考。

纵观人类科技发展历史，每一次科学革命、每一种技术革新都会影响甚至冲击社会就业。但最终又总能通过对劳动者个体的赋能、对生活中劳务的减负和对全社会生产的增效，在为社会创造财富的同时，为大众提供新的就业机会和工作技能。本书从准确识变、科学应变、主动求变的角度，探讨人工智能技术对就业质量的积极影响，如人工智能技术的应用提高了生产效率，促进了产业结构的优化升级，提升了高技能劳动力的就业质量等。这些讨论是我们初探智能时代就业问题的“最佳视角”，也是构建更加高效、包容的就业市场的“关键切入点”。本书提出的针对性政策建议，旨在引导人工智能技术创造就业岗位，支持新就业形态的发展，增强公共就业服务能力，也会助力问题的解决，可供相关行政管理部门在研究制定就业政策时参考，如加强技能培训、优化高校专业设置、引导人工智能创造就业岗位等。

本书一些关键结论体现出作者对热点问题的积极回应、对劳动者的真情关切，如高技能劳动者更容易从人工智能技术的发展中获益，需要对不同劳动者采取不同的措施，帮助劳动者适应变化；人工智能技术在替代某些重复性和低技能工作的同时，也孕育了新就业机会，尤其是在数据分析、软件开发和机器学习等领域；等等。这些创见提示我们，智能化时代需要重新思考学习成长体系和职业培训方向，以适应新兴技能的需求。

人工智能是发展新质生产力的重要引擎。综观人工智能发展态势，我们能够深切地感受到创新的强大动能，感受到科技对传统经济增长和生产力发展的颠覆性影响，感受到技术进步对生产效率和生活质量的巨大贡献。人工智能所带来的不单是一次技术革命，还可能是一次文明的跃迁，将深刻影响社会的方方面面，其中自然也包括就业及就业市场。我们相信，拥抱和学习人工智能的人，比拒绝或者观望人工智能的人在未来就业市场更有竞争优势！

《人工智能背景下的高质量充分就业》一书为我们提供了难能可贵的思考和启示，也将助力构画人工智能时代高质量就业的新图景。相信《人工智能背景下的高质量充分就业》一书能够激发我们积极拥抱、主动学习人工智能，共同开创繁荣、可持续的高质量就业新未来。

是为序。

吴世忠

2024 年 12 月 6 日

---

注：序言作者吴世忠，网络与信息技术专家，中国工程院院士，中国人民政治协商会议第十四届全国委员会委员。

# 本书关键发现

- **人工智能专利申请**　中美两国在人工智能专利申请方面占据主导地位。近年来中国企业和高等院校的专利申请量增长迅猛。不同城市群的人工智能发展水平存在较大差距。人工智能企业主要集中在长三角城市群、粤港澳大湾区城市群、京津冀城市群、成渝城市群以及长江中游城市群。
- **劳动力市场特征**　中国劳动参与率呈逐年下降趋势。失业率调查数据显示，自 2022 年以来，中国失业率保持相对稳定，与德国接近，高于美国和日本。
- **就业质量变化趋势**　2011—2022 年，中国大部分城市就业质量显著提升。具体来看，城镇单位就业比例呈现先升后降趋势，工资报酬和劳动保障水平逐年上升。
- **就业质量分化**　东部和西部地区的城市就业质量提升明显。粤港澳大湾区城市群和长三角城市群就业质量较高，成渝城市群就业质量仍有较大提升空间。高技能劳动者在工资、稳定性、社会保障、工作时间和满意度等方面均显著优于低技能劳动者，高技能和低技能劳动者就业质量呈现分化趋势。
- **人工智能岗位需求**　人工智能岗位对掌握软件开发和新兴人工智能技术的人才需求旺盛，对这类人才的学历和工作经验要求逐年提高，提供的薪资待遇也相应优化。

- **人工智能岗位技能需求** 人工智能岗位不仅看重应聘人才的编程语言、软件设计、操作系统等专业技能，还越来越注重沟通、解决问题、表达和抗压能力等软技能。
- **人工智能对不同岗位的影响** 人工智能对部分互联网和电子工程类岗位带来了积极影响，但对部分白领和知识型岗位则产生消极影响。受到积极影响的岗位的人才需求更高，提供的薪资待遇更好，同时对学历和工作经验的要求也更高。
- **受人工智能影响的岗位要求变化** 受人工智能积极影响的岗位通常要求申请人掌握特定软件和工具，例如 Java、Linux、SQL 等；受人工智能消极影响的岗位则多要求申请人持有专业资格证书，例如特许金融分析师（CFA）。
- **人工智能对岗位软技能需求的影响** 无论岗位受到人工智能的影响是积极还是消极的，对沟通能力和积极性的需求都在迅速增加。受积极影响的岗位更加强调对工作的热爱与团队合作精神，而受消极影响的岗位则更看重员工的热情和亲和力。
- **计算机专业扩张** 2017 年以来，中国新增计算机类本科专业的院校数量约为美国新增计算机类专业院校数量的五倍，主要是“双非”院校。
- **人工智能相关专业招生规模** 人工智能相关专业的本科招生规模和占比逐年增加，“双非”院校是扩招的主要力量。部分地区的专科院校响应市场需求的速度更快，相关专业的招生人数年均增长率更高；研究生的招生人数则保持稳定。
- **人工智能专业结构** 人工智能本科人才培养仍依托于计算机专业，但新兴学科正快速发展。计算机专业专科招生规模下滑，大数据技术专业迅速崛起，成为招生人数的主要增长点。本科和专科的人工智能人才培养存在不同程度的供需结构错配，主要表现为某些新兴领域人才需求快速增长与相应人才供给滞后之间的矛盾。

- **人工智能人才培养** 市场对人工智能岗位人才的需求正逐渐从基础型人才转向复合型人才，“人工智能 +X”将成为新的人才培养方向。
- **人工智能与就业数量** 整体上，人工智能促进了城市就业水平提升。分时间段来看，2011—2015 年人工智能对就业数量的影响显著为正，2016—2019 年为负向影响，2020—2022 年为正向影响，但影响系数大幅度减小。因此，长期来看，人工智能对就业数量的影响存在一定的不确定性。
- **人工智能与就业结构** 人工智能对不同技能劳动者就业状态的影响存在异质性，对低技能劳动者具有一定的挤出效应。人工智能对高技能劳动力的潜在影响存在年龄和行业异质性，导致并非所有劳动力都能受益于人工智能的发展。例如，在汽车制造业中，由于自动化技术替代了部分岗位，这些岗位人员失业风险加大。
- **人工智能与就业质量** 人工智能整体上提升了城市就业质量，对工资、医疗保险和养老保险覆盖率等分指标均有积极影响，但对城镇单位就业比例有负向影响。就业质量提升效应在东部地区尤为突出。人工智能发展导致不同技能水平劳动者就业质量分化，对高技能劳动者影响为正，但显著降低了低技能劳动者就业质量，增加了低技能劳动者发生教育—职业错配的概率。
- **人工智能影响高技能劳动力就业的机制** 人工智能的发展导致更多高技能劳动力的工作出现中断，原因在于人工智能创造了更多职位和工作机会，使得高技能劳动力更频繁地更换工作，且失业时间缩短。此外，人工智能的发展促进了劳动力市场的动态变化，提高了高技能劳动力的跨行业流动性，有利于其寻求更合适的岗位。
- **人才政策** 针对市场中的劳动力，需要开展新技术的职业技能培训，弱化就业替代效应。针对高校人才，一方面要优化高校学科专业设置，培养创新型人才；另一方面要重视培养“软技能”，适应就业市场技能需求的变化。

- **市场政策** 技术层面，加强基础技术研发，强化人工智能关键核心技术攻关。产业层面，一方面引导人工智能驱动新岗位创造，多渠道支持人工智能产业发展；另一方面促进传统产业数字化转型，加快产业模式和企业组织形态变革。
- **政府服务** 开发就业信息平台，增强公共就业服务能力。改革现行社会保障体系，适应灵活就业形式。引入和探索新型社会保障机制，应对人工智能对于就业岗位的替代效应。完善有关灵活就业的法律法规，实现政策和法规的动态调整。进行道德与法律监督，维护劳动者信息安全。

# 目 录

## 第三章　人工智能相关人力资本供给分析



## 第四章　人工智能与高质量充分就业



## 第五章　人工智能影响高低技能劳动者就业动态的机制分析

# 第一章　概述

## 关键发现

- 人工智能相关专利申请由中美两国主导。近些年，来自中国企业、高等院校和科研院所的人工智能专利申请量增长迅猛。各城市群人工智能发展差距较大，人工智能企业主要集中于长三角城市群、粤港澳大湾区城市群、京津冀城市群、成渝城市群以及长江中游城市群。
- 我国劳动参与率呈现逐年下降趋势。从调查失业率的国际比较来看，自 2022 年以来，中国和德国失业率接近，保持相对稳定，高于美国和日本。
- 2011—2022 年，我国大部分城市就业质量显著提升。分指标来看，城镇单位就业比例呈现出先上升后下降的趋势，工资报酬和劳动保障水平逐年上升。
- 分区域看，东部和西部地区的城市就业质量增幅明显。粤港澳大湾区城市群和长三角城市群就业质量水平较高，而成渝城市群就业质量仍有较大上升潜力。
- 高、低技能劳动者就业质量趋于分化，高技能劳动者就业质量较高，二者在工资报酬、就业稳定性、劳动保障、工作时间和工作满意度等方面均存在一定差距。

# 第一节　研究背景

人工智能作为近年来新兴的重要技术，不仅深刻影响着经济社会，也重塑了劳动力市场。生成式人工智能（AIGC）在文本生成、图像生成、编程等领域表现突出，不仅替代了低技能劳动者，还对部分高技能人才产生了替代效应。同时，人工智能在传统行业的应用不断深入，如自动驾驶技术不断发展，有可能大规模替代当前的从业人员，引发社会各界对未来就业形态、技能需求和职业稳定性的担忧。

与此同时，人工智能也创造了大量新就业机会和岗位，如人工智能训练师、生成式人工智能系统应用员等。这些新岗位对劳动者认知能力和数字素养有较高的要求，促进了劳动力技能结构升级，有助于提高劳动生产率。综上，人工智能发展对就业究竟会产生何种影响值得深入研究。

党的二十大报告提出，强化就业优先政策，健全就业促进机制，促进高质量充分就业。党的二十届三中全会进一步提出，健全高质量充分就业促进机制。2024 年 5 月，习近平总书记在二十届中央政治局第十四次集体学习时指出，要研究促进高质量充分就业的思路和举措①。2024 年 9 月，《中共中央 国务院关于实施就业优先战略促进高质量充分就业的意见》印发，再次强调高质量充分就业的重要意义。因此，本书聚焦在人工智能背景下促进高质量充分就业：阐述了人工智能的内涵和发展趋势，剖析了劳动力市场基本特征及演进趋势；从需求占比、薪资待遇、学历、工作经验和技能要求等方面研究人工智能背景下企业招聘需求的变化；分析人工智能相关专业的专

① 习近平：《促进高质量充分就业》，《求是》，2024 年 11 月。

科、本科和研究生层次的招生和毕业生数量的变化情况，研究人工智能相关专业人力资本的供给现状；利用城市层面和家庭层面的数据分析人工智能对高质量充分就业的影响；分析人工智能行业发展对高技能人才的工作流动频率、区域、行业的影响。

## 第二节 人工智能的内涵

人工智能的发展经历了三次热潮（见图 1-1）。1956 年，约翰·麦卡锡等人在达特茅斯会议上首次正式提出“人工智能”概念。20 世纪 60 年代中期，人工智能发展一度陷入低谷。20 世纪 70 年代至 80 年代初，专家系统在医疗、化学等领域的应用引发了第二次热潮，但随后又因专家系统发展乏力、神经网络研究受阻导致人工智能的发展再次进入低迷期。进入 21 世纪，互联网的发展推动了人工智能的创新和应用，尤其是 2010 年之后，云计算、物联网和大数据等技术推动人工智能发展进入爆发期（李彦宏，2017）。

在不同发展阶段，人工智能的支撑技术也发生了重大变化。早期主要依靠符号推理和数学模型，是基于规则执行特定任务的智能化系统（陈龙等，2024）。进入 21 世纪后，深度学习成为可能，推动人工智能进入数据驱动时代，利用海量数据和计算能力，人工智能具备了更复杂和通用的功能。

学界对人工智能的界定尚未达成共识。从技术属性来看，人工智能是为实现特定任务目标，表现出与人的认知、思维或行动具有相似能力的技术，这一技术需要借助相应的载体及应用环境发挥作用（杨伟国等，2018）。Cazzaniga et al.（2024）认为，人工智能代表了广泛的技术，旨在使机器能够感知、解释、行动和学习，以模仿人类的认知能力。也有研究认为，人工智能使机器变得智能化，使机器能够在其环境中有远见地运行（Nilsson，2010）。

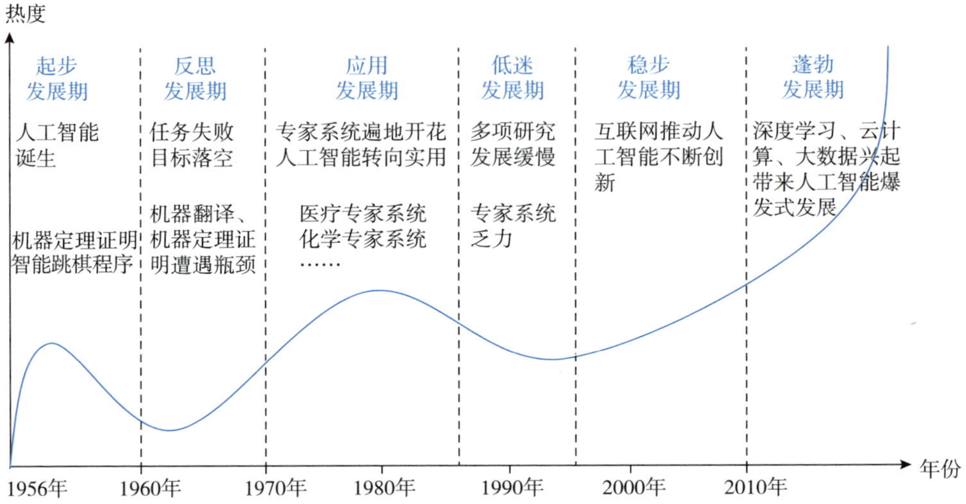


**图 1-1　人工智能关键发展阶段**

资料来源：作者根据蔡跃洲和陈楠（2019）的相关论文中内容绘制。

综合来看，笔者认为，人工智能是以机器或软件等为主体，具备与人的感知、认知、思考、执行乃至学习等能力相似的多种能力，旨在执行或协助以前只能通过人类智慧才能完成的任务的技术。

# 第三节 人工智能政策演进：国际比较视角

## 一、中国人工智能政策演变

2015 年以来，中国多部门陆续出台了支持和规范人工智能行业发展的政策，涵盖技术研发、基础设施建设、产业发展、行业应用、人才培养、伦理规范、标准体系建设等方面。

“十三五”以来，中国人工智能关键技术发展迅速，逐渐渗透至各行各业。2017 年 7 月，国务院发布《新一代人工智能发展规划》，制定了基础理论和技术研发、产业发展、环境和人才培养等方面的目标和实施内容，将人工智能发展上升到国家战略层面。2021 年 3 月，“十四五”规划纲要提出聚焦高端芯片、操作系统、人工智能关键算法、传感器等关键领域，加快推进基础理论、基础算法、装备材料等研发突破与迭代应用，培育壮大人工智能、大数据、区块链、云计算、网络安全等新兴数字产业。2022 年 12 月，中共中央、国务院发布《扩大内需战略规划纲要（2022—2035 年）》，从基础设施、新产业新产品和现代商贸体系三方面对人工智能发展提出新要求。相关政策见附录 12。

## 二、人工智能政策国际比较

《2023 全球人工智能创新指数报告》显示，中国和美国处于人工智能创新的第一梯队，英国位居第二梯队的首位，日本、新加坡、韩国、德国等国家紧随其后。中国在人工智能人才培养、产业发展等方面取得积极成效，但在技术研发创新方面与美国仍有差距。第二梯队的国家也有各自的优势，英国在高质量的学术研究成果和整体教育资源方面表现较为突出；德国在产业发展和实际应用方面，尤其是在人工智能风险投资以及国内市场规模方面优势明显。各国在人工智能领域的发展态势一定程度上反映了各国政策制度的差异，接下来本部分从政府作用、政策工具、政策层次和人才培养政策四个方面对人工智能发展环境进行国际比较。

### （一）政府作用

政府在人工智能发展中的主导地位不同。中国政府在人工智能产业发展中的领导性较强，美国更依赖市场主体作用来推动产业发展，奉行“大市场小政府”的原则（曾坚朋等，2019），欧盟则主打严格监管（戚凯等，2024）。尽管中国、美国、欧盟在人工智能产业发展中政府的作用体现出不同特征，但是都重视人工智能在国防军事等特定领域的应用。

### （二）政策工具

政策工具指的是实现人工智能战略目标所采取的措施和手段，主要分为供给型政策、需求型政策和环境型政策。中国、美国和欧盟对政策工具的使用各有偏好。供给型政策方面，中国、美国和欧盟都重视对人工智能产业发展所需的资金、基础设施、高科技人才、技术等要素的直接供给。需求型政策方面，中国主要通过引导市场需求来激发市场主体的积极性，坚持人工智能技术应用导向；美国较少通过政策干预市场，其人工智能产业发展更多依赖市场自身的调节机制（荆晶，2021）。环境型政策方面，欧盟制定了相关法律法规、伦理规范和监管措施，为产业健康全面发展提供政策保障（陈婧嫣等，2021）；美国倡导采用宽松监管的环境型政策，虽然制定了一部分监管政策，但由于其人工智能治理的核心目标是“保持人工智能领先地位”，“自愿实施”的监管措施缺少强制力（严少华和杨昭，2024）；中国则聚焦于规划目标和标准框架制定，但人工智能法律法规与伦理规范建设仍处于早期阶段，亟待加强（江丰光等，2020）。

### （三）政策层次

中美两国人工智能政策均涉及基础层、技术层和应用层，但侧重点不同。中国大部分政策聚焦于行业应用，主要强调智能机器人、智能驾驶、智能金融、智能安防、智能教育、智能医疗等应用领域的产业化发展，注重其与经济、社会、国防、生态环境等重要领域的结合应用，对基础研究和技术研发关注相对较少（马池珠等，2023）。美国则将更多精力投入基础技术研究，其企业、智库基金会、研发机构、军方等在基础研究中处于主体地位，掌握了大量的人工智能原创理论和核心技术，现阶段的政策部署主要聚焦数据共享和数据安全等方面（曾坚朋等，2019）。

### （四）人才培养政策

各国都重视人工智能高端创新人才培养，但关注的教育阶段有所不同。中国和法国主要针对高等教育体系进行先导性改革。中国专门制定发布《关于"双一流"建设高校促进学科融合 加快人工智能领域研究生培养的若干意见》等文件，强调完善人工智能的学科布局和专业建设，培养人工智能基础理论型和复合型人才（江丰光等，2020）。法国进行学科和学位改革，主要内容包括制定人工智能专业培养方案、开设人工智能课程等。美国和英国除了关注高等教育阶段，还看重基础教育阶段人才培养，要求学生在初等和中等教育阶段学习计算机科学，并通过科学、技术、工程和数学（STEM）教育项目推进人工智能教育，培养学生的计算思维和数字素养。英国还将伦理教育作为人工智能教育应用政策的重要组成部分，要求所有学习计算机科学和数据科学的学生学习有关伦理的课程，通过让学生接受伦理教育以规避人工智能发展可能带来的风险（段世飞和龚国钦，2019）。

## 第四节　人工智能企业发展现状

“十四五”规划纲要指出，发展壮大城市群和都市圈，推动城市群一体化发展，以促进城市群发展为抓手，全面形成“两横三纵”城镇化战略格局，优化城市群内部空间结构，形成多中心、多层级、多节点的网络型城市群。“两横三纵”城镇化战略将中国空间格局分为 19 个城市群，分为优化提升组、发展壮大组和培育发展组（城市群划分详见附录 1）。

基于王林辉等（2022）对人工智能相关企业的识别方法，图 1-2 展示了这些城市群在 2015 年 1 月至 2024 年 5 月间人工智能相关企业数量的增长趋势。优化提升组城市群中，长三角城市群人工智能相关企业数量增长最为显著，从 2018 年后快速上升，2024 年 5 月达到 40 万；粤港澳大湾区城市群人工智能相关企业数量自 2019 年开始加速增长，2024 年达到 27 万；成渝城市群和长江中游城市群人工智能相关企业数量增长相对缓慢，2024 年人工智能相关企业数分别约为 13 万和 14 万（见图 1-2A）。发展壮大组城市群中，相关企业集中于山东半岛和闽粤浙沿海城市群；而中原城市群、关中平原城市群和北部湾城市群人工智能相关企业数量增长相对平缓（见图 1-2B）。培育发展组城市群的人工智能相关企业更多集中在哈长城市群和辽中南城市群，但整体发展水平较前两组城市群滞后，且差距逐年加大（见图 1-2C）。

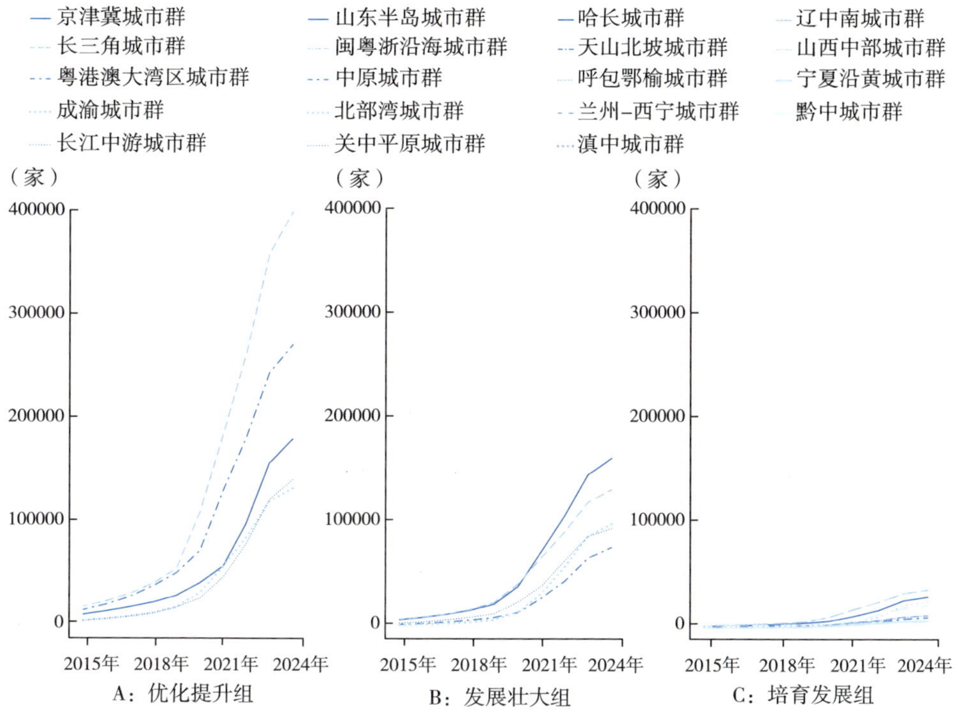


**图 1-2　分城市群人工智能相关企业累计数量**

资料来源：国家企业信息公示系统。

总体来看，各组城市群间人工智能发展水平存在明显差距。造成这一现象的原因包括以下几点。第一，在技术和人力资本基础方面，优化提升组城市群通常拥有更完善的技术基础设施和教育体系，培养了大量的专业人才，有利于人工智能企业的快速成长，促使人工智能企业在技术研发方面的投入不断加大，推动了技术更新换代。第二，在市场需求方面，优化提升组城市群的消费市场更为广阔，企业能够更快满足市场需求，加速发展。第三，在对外开放方面，优化提升组城市群有更多机会参与国际交流合作，获取更多技术和资金支持。这些因素共同作用，使得优化提升组城市群的人工智能企业快速发展，发展壮大组城市群和培育发展组城市群在发展人工智能过程中则面临更多挑战。

## 第五节　人工智能专利发展现状

人工智能相关专利申请状况是衡量人工智能发展的另一重要指标。基于IPO（2019）对人工智能相关专利的识别方法，图 1-3A 展示了 2000 年 1 月至 2024 年 5 月各国人工智能专利申请数量的变化趋势。总体而言，各国人工智能专利申请量持续增长。其中，自 2016 年后中国人工智能专利申请量急剧上升，截至 2024 年 5 月位居全球第一，累计申请量超过 25 万件。这主要归因于国家政策的积极鼓励、各类资金支持和国内众多企业的科技创新和迅速发展。特别是 2017 年《新一代人工智能发展规划》的实施，加速了中国人工智能技术的研发和应用。

美国的人工智能专利申请量曾长期领先，直至 2023 年被中国超越，截至 2024 年 5 月申请量达到 23.4 万件。美国人工智能市场相对成熟，创新主要集中在硅谷的知名科技公司，但创新频次相对较低，可能受市场竞争、法律政策和技术壁垒等因素制约。韩国和日本的人工智能专利申请量整体呈增长态势，但增长速度低于中国，截至 2024 年 5 月，累计申请量分别为 4.9 万件和 4.4 万件。日本和韩国人工智能发展相对缓慢，可能与政策支持、资金投入、企业创新活力等因素有关。日本的人工智能发展现状可能反映出其在技术投资、创新政策上相对保守，缺乏活跃的初创企业生态。尽管专利申请量增速较低，但日本和韩国在某些特定的人工智能技术领域（如韩国的半导体与智能制造领域、日本的机器人与自动化领域）仍有较强的技术储备和国际竞争力。相比之下，德国和英国的专利申请量相对较少。欧洲国家注重基础研究和技术伦理，但政策和资金支持分散，导致整体创新速度较慢。中国的人工智能专利发展更为集中和迅猛，而欧洲和英国则在技术规范和法律框架方面具有优势。

图 1–3B 展示了截至 2024 年 5 月累计专利申请量全球排名前 9 位的国家和其他国家的具体情况。中国以 25.7 万件专利申请位居首位；美国紧随其后，有 23.4 万件专利申请；韩国排名第三，有 4.9 万件专利申请；日本以 4.43 万件专利申请排在第四位；澳大利亚和加拿大的累计申请量分别为 0.97 万件和 0.89 万件，位列第五和第六；德国有 0.89 万件专利申请，英国专利申请为 0.84 万件，印度专利申请为 0.64 万件，排在第七至第九位；其他国家合计有 2.28 万件专利申请。

从图 1–3 可以看出，全球人工智能发展不均衡。出现这样的发展格局，不同的国家政策和政府支持侧重点是重要因素。例如，中国通过国家战略和政策支持，积极鼓励科技创新，同时政府加强对科研的资金支持和项目资助，提高了相关领域的研究效率和成果转化率。国家的市场规模和经济发展水平也直接影响对新技术的需求。例如，中国庞大的市场促进了人工智能技术的快速发展和应用，国家的产业结构对新兴技术的融合和应用至关重要，相关技术应用产业的发展有力推动了技术的进步。科研机构、高等院校和企业的研发能力直接影响了技术的进步，完善的教育体系和良好的科研环境能培养大量人才。此外，国家之间的竞争与合作，以及内外部环境的变化，将继续影响未来科技领域的动态与格局。

总之，图 1–3 清晰地反映出不同国家在人工智能专利申请方面发展的不均衡，特别是中国在这一领域的快速崛起，预示着全球科技创新竞争人工智能研发的中心发生转移。各国政府的政策支持显著影响了人工智能技术的发展，加强政策引导和资金投入对于促进专利申请及其应用至关重要。未来，各国可能不仅会在专利申请上展开竞争，也将通过国际合作共同推动人工智能技术的发展。

图 1–4 展示了截至 2024 年 5 月人工智能相关专利累计申请量排名前 30 位的申请机构的具体情况和其在 2018 年 12 月的专利累计申请量。国际商业机器公司（IBM）是专利累计申请量最多的公司，截至 2024 年 5 月其专利申请量已接近 2 万件。三星、谷歌等紧随其后。百度、腾讯、华为、阿里巴巴、清华大学等中国企业和高等院校展现出强劲的增长势头，专利申请量与 2018 年相比已有显著增长。日本公司如日本电气股份有限公司（以下简称日本电气）、富士通、

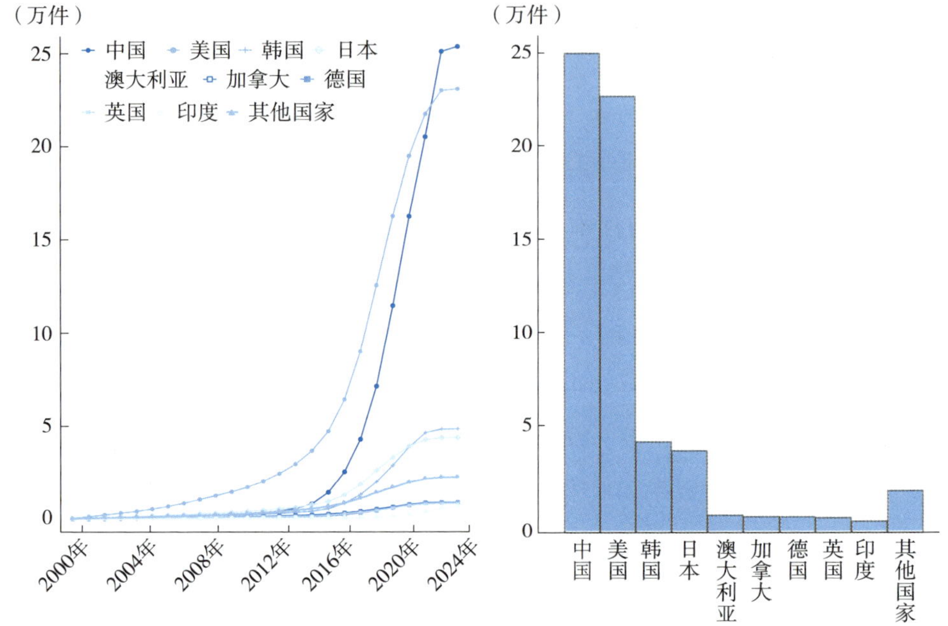


A：截至不同年份各国人工智能相关专利累计申请量

B：截至2024年5月各国人工智能相关专利累计申请量

**图 1-3　各国人工智能相关专利申请量**

资料来源：北京合享智慧科技有限公司（以下简称 incoPat）。

注：2024 年数据截至 5 月。

三菱和日立仍然在全球专利申请量中占有一席之地，但增长率相对较低。总体来说，图 1–4 反映了各大机构在技术创新领域的激烈竞争。特别是中国和美国的大型科技公司表现尤为突出，这也反映了全球技术竞争的格局正在发生变化。

中国在专利申请量方面已位居世界第一，但“沉睡专利”现象也随之凸显，尤其在高校和科研院所中表现突出。具体表现为专利转化率较低。国家知识产权局发布的《2022 年中国专利调查报告》显示，2022 年国内有效发明专利的产业化率为 36.7%，其中高校发明专利的产业化率仅为 3.9%。相比之下，美国高校专利的转化率与企业基本持平，均在 50% 左右，是中国高校专利转化率的 13 倍。为提升高校科技成果的转化率、推动更多高科技企业的产生，教育部、国家知识产权局和科技部于 2020 年 2 月联合发布了《关于提升高等学校专利质量促进转化运用的若干意见》，提出“科技成果只有通过转化才能实现创新价值，不转化则是最大的浪费”的理念，推动高校改革。同年 10 月，科技部公布了 40 家试点单位，允许赋予科研人员不低于 10 年的职务科技成果长期使用权，以激发他们转化科技成果的积极性和主动性。

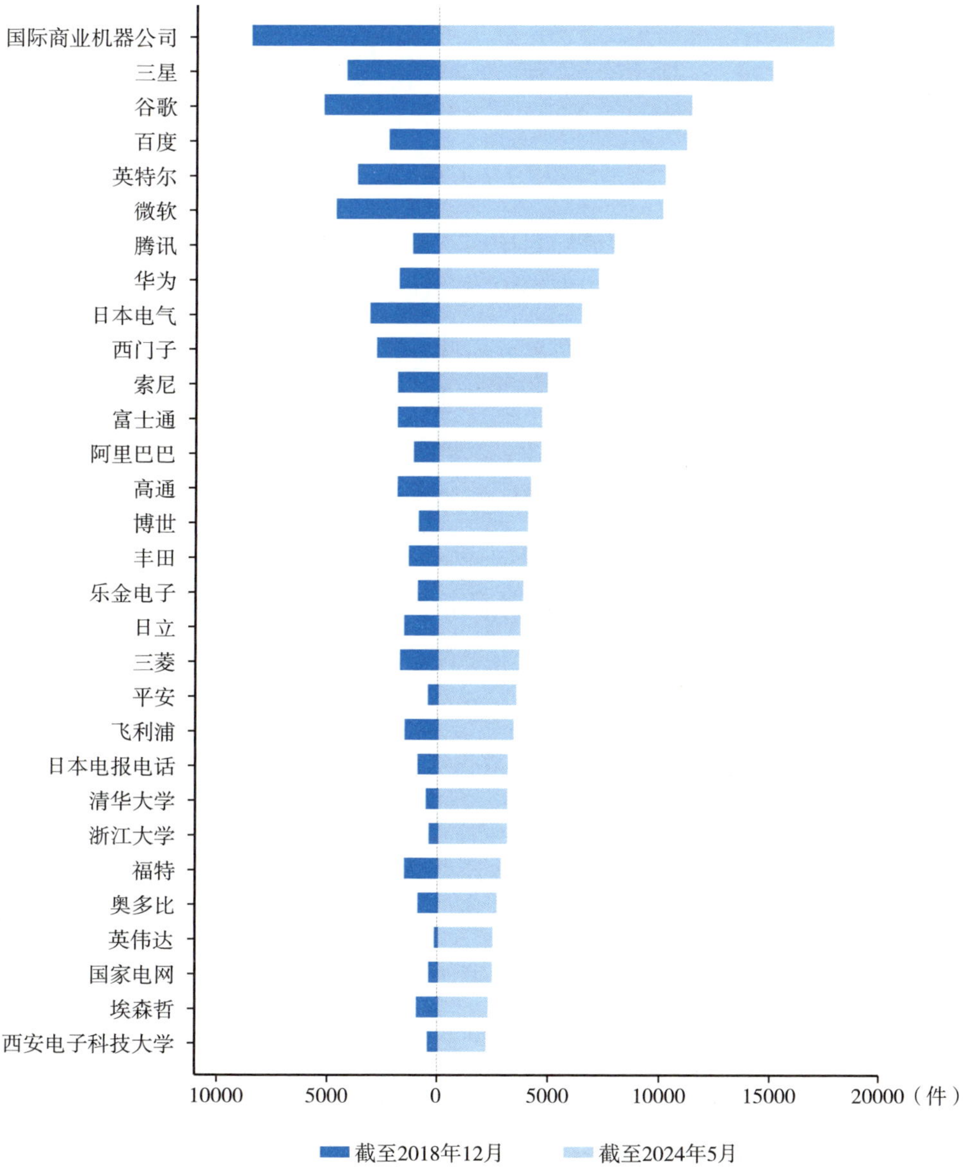


**图 1-4　分机构人工智能相关专利申请量**

资料来源：incoPat。

## 第六节 高质量充分就业的界定与测度

关于高质量充分就业的内涵，目前尚未形成统一的界定。充分就业是宏观经济政策的重要目标之一，凯恩斯提出充分就业是指在一定工资水平下，所有愿意工作的劳动者都能获得工作机会。因此，充分就业强调的是就业数量。高质量就业的概念则源于国际劳工组织提出的“体面劳动”，现有研究认为高质量就业应体现为较高收入、快乐工作、发挥社会价值、美好的发展前景和充分的劳动保障（岳昌君，2023），或应具备高效性、稳定性、平衡性、发展性和丰富性等特征（赖德胜，2023）。

在指标测度体系方面，就业质量的指标测度经历了从单一指标到多维度指标体系的扩展。目前国际组织用于评价就业质量的指标体系主要有五个：国际劳工组织（ILO）体面工作（Decent Work）指标体系、欧盟委员会（European Commission）提出的工作质量指标体系（Quality of Work Indicators）、欧洲基金会（Eurofound）提出的工作与就业质量指标体系（Quality of Job and Employment Indicators）、联合国欧洲经济委员会（United Nations Economic Commission for Europe，UNECE）就业质量测量指标体系（Measurement of Quality of Employment）、经济合作与发展组织（OECD）提出的生活福祉测量指标体系（How's Life?：Measuring Well-being）。国内学者对就业质量的测评方法也存在差异，分别从宏观和微观视角、客观和主观标准等方面进行了探讨。宏观视角多从国家层面或省级层面选取指标，反映劳动力整体就业状况的优劣程度（赖德胜等，2011；戚聿东等，2020）；微观视角则侧重于分析与劳动者个体就业状况相关的要素。客观标准包括劳动者工资收入、职业培训、工作时间、社会保障等（明娟和曾湘泉，2015），主观标准则包括劳动者工作满意度、个人发展前景、职业期望等（刘翠花等，2022）。

总之，我们认为“高质量充分就业”是一个整体目标，既包含就业的高质量要求，又包含就业的充分性要求，需要在数量上和质量上协调促进就业。“高质量就业”与“充分就业”的逻辑关系是相互结合，协调互促。实现充分就业是前提，要将调查失业率维持在合理区间；促进高质量就业是关键，高质量就业能够增强就业稳定性，进而为实现更加充分的就业引领方向和提供动力。高质量就业着重从劳动者个体与企业等经济主体层面考察就业回报，侧重于微观视角；充分就业着重反映整体的就业数量，侧重于宏观视角。宏观视角与微观视角结合可以相互印证，准确全面反映就业的实际状况。高质量充分就业本质上是促进人的全面发展。从实践上看，在经济周期运行的不同阶段，就业数量和就业质量在宏观调控目标上将有所侧重。当经济处于下行周期时，扩大就业容量成为优先目标；在经济处于景气阶段，提升就业质量成为优先目标。

在指标测度方面，我们认为提高就业质量主要体现为增强劳动者的获得感、幸福感和安全感。其中，获得感主要用劳动者工资报酬来衡量，幸福感是指劳动者对工作和自身发展前景的认同及对工作的主观满意度，安全感则指工作稳定性和劳动保障水平。因此，本书在构建就业质量指标体系时将重点围绕这三个方面展开。

# 第七节　劳动力市场基本特征及其演变趋势

## 一、就业数量特征和演变趋势

### （一）就业总量减少与劳动参与率下降

根据国家统计局数据，我国总就业人数近十年来呈下降趋势，从 2013 年的 76301 万人下降至 2023 年的 74041 万人（见图 1–5）。从劳动参与率看，2013 年的劳动参与率为 70.7%，2023 年劳动参与率下降至 66.9%，整体下降 3.8 个百分点，表明我国劳动力资源可开发利用的潜力很大。

从国际比较来看，2024 年第一季度，德国的失业率最高，中国次之，日本较低（见图 1–6）。具体而言，2018 年 1 月至 2024 年 1 月，日本的失业率最低，且几乎没有明显的波动；美国在 2020 年初失业率急剧上升，峰值接近 15%，随后迅速下降并趋于稳定；德国和中国的失业率相对稳定，近年出现略微上升的趋势。

### （二）就业结构逐步优化

随着数字经济和人工智能的发展，数据、知识和技术等要素成为经济增长的关键要素，要素结构的变动也带来了就业结构的变化。人工智能发展背景下，就业人口的产业分布和技能结构呈现新的特点。

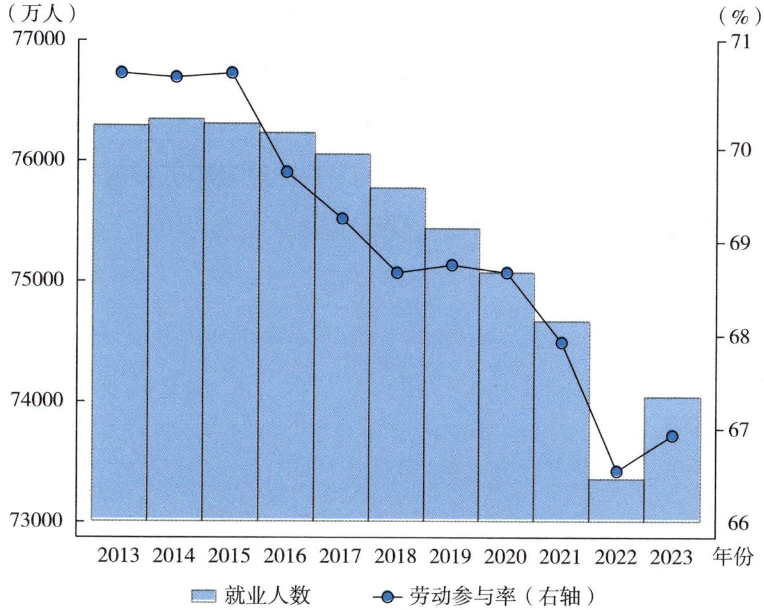


**图 1-5　2013—2023 年我国就业人数与劳动参与率**

资料来源：国家统计局。

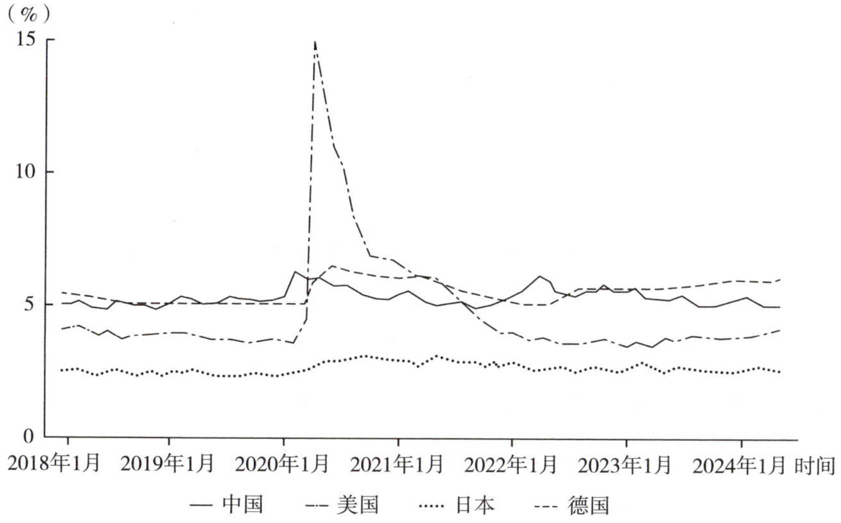


**图 1-6　2018 年 1 月—2024 年 6 月各国调查失业率**

资料来源：中国数据来自国家统计局，德国数据来自德国联邦就业局，美国的数据来自美国劳工统计局，日本的数据来自日本总务省。

注：横坐标轴 2024 年 1 月后半段对应着 2024 年 1 月至 2024 年 6 月的情况。

从就业人口的产业分布来看，2004—2023 年我国第三产业就业人数占比逐渐上升，到 2023 年已占总就业人口数的 48.13%，一、二产业就业人数占比则相对较低，分别为 22.8%、29.06%，这与世界主要发达国家的变化趋势基本一致（见图 1-7）。从整体趋势来看，第一产业（尤其是农业）劳动力逐渐向服务业转移，第三产业就业人口占比持续上升。

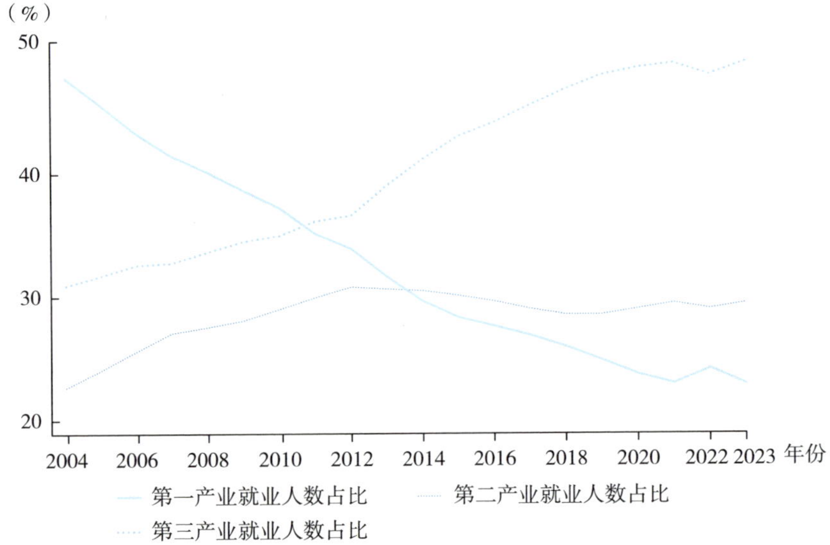


**图 1-7　2004—2023 年我国三次产业就业人数占比**

资料来源：国家统计局。

从就业人口的技能结构来看，目前学界常用劳动力受教育程度和技能水平[①]来分析其变化趋势。2007—2023 年我国就业人口受教育程度构成的变化如图 1-8 所示。我国小学及以下受教育程度就业人口占总就业人口的比重从 2007 年的 36.67% 下降到 2023 年的 20.86%；初中学历的就业人口占比也呈下降趋势，由 2007 年的 44.86% 下降到 2023 年的 39.18%；高中和大学学历就业人口占比呈上升趋势，分别从 2007 年的 11.85%、6.39% 上升到 2023 年的 15.92%、22.77%；研究生学历的就业人口在总就业人口中所占比重也逐年上升，

① 劳动力技能水平是指在相同产业内部，以一定单位时间内的产出来衡量，大致可分为高技能劳动力、中技能劳动力和低技能劳动力三类。

由 0.23% 上升到 1.29%。这说明我国就业人口的受教育水平不断提高，随着人工智能的发展，对高技能人才的需求增加，就业技能结构逐渐向高学历化方向发展。

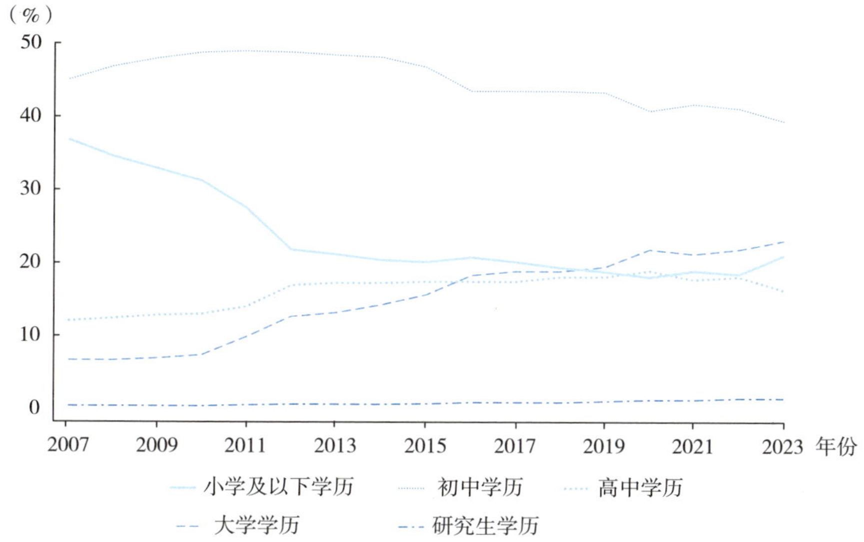


**图 1-8　2007—2023 年我国就业人员受教育程度结构变化**

资料来源：历年《中国人口与就业统计年鉴》。

## 二、就业质量特征演变

本部分从宏观和微观两个方面刻画和分析劳动者就业质量的时空演变特征以及不同个体特征。

### （一）就业质量的总体情况

本书利用《中国城市统计年鉴》、各省份统计年鉴、各地级市国民经济和社会发展统计公报数据，从劳动者获得感、幸福感和安全感三个维度刻画就业质量，对应地从工作报酬、就业环境和劳动保障三个方面共选取五个指标构建就业质量指标体系（见表 1–1）。

表 1-1 城市层面就业质量指标体系

| 一级指标 | 二级指标 |
|---|---|
| 工作报酬 | 城镇非私营单位就业人员平均工资 |
| 就业环境 | 城镇非私营单位就业比重 |
| 劳动保障 | 城镇职工医疗保险覆盖率 |
| | 城镇职工养老保险覆盖率 |
| | 失业保险覆盖率 |

注：若无特殊说明，本书图表均为作者根据相关资料自制，以下不再赘释。

### 1. 60个大中小城市就业质量分析

本书采用熵权法和上述指标体系测度中国城市就业质量。参考人力资源和社会保障部发布的《2007 年第四季度部分城市劳动力市场供求状况分析》中涉及的主要城市，基于数据可得性，本研究共选取 60 个大中小城市 2011 年、2016 年和 2022 年的数据，从总指标和就业环境、工作报酬、养老保险覆盖率几个指标对城市就业质量特征和演变趋势进行分析。

2011—2022 年，大部分城市就业质量有所提高，东部地区和西部地区城市就业质量明显提升，中部地区城市就业质量提升相对缓慢（见表 1–2）。

从城镇单位就业比例来看，大部分城市呈现先上升后下降的趋势（见表 1–3）。在东部地区，北京和上海位居前两名，且保持稳定。其他大部分城市城镇单位就业比例则呈现出波动趋势，例如，佛山由 2011 年的 13.63% 上升到 2016 年的 39.13%，而 2022 年这一比例下降到 26.05%。此外，少数城市城镇单位就业比例呈现出明显下降趋势，例如泉州从 2011 年的 30.48% 下降到 2022 年的 21.59%。中部地区大部分城市的城镇单位就业比例也呈现先上升后下降的波动趋势。例如，2011—2016 年郑州、湘潭城镇单位就业比例显著增长，而 2022 年则有所回落。从西部地区来看，部分城市该指标呈现出逐年上升的趋势，例如泸州、遵义和呼和浩特。相比较而言，西部地区城镇单位就业比例低于东部和中部地区，但呈现波动上升的趋势。

表 1-2　60 个城市就业质量

| 东部地区 | | | | 中部地区 | | | | 西部地区 | | | |
|---|---|---|---|---|---|---|---|---|---|---|---|
| 城市 | 2011年 | 2016年 | 2022年 | 城市 | 2011年 | 2016年 | 2022年 | 城市 | 2011年 | 2016年 | 2022年 |
| 北京 | 53.26 | 65.06 | 79.63 | 太原 | 32.36 | 36.50 | 36.23 | 西安 | 27.81 | 29.40 | 35.51 |
| 深圳 | 43.95 | 80.06 | 74.12 | 武汉 | 28.24 | 28.87 | 40.11 | 石嘴山 | 24.66 | 23.32 | 33.39 |
| 广州 | 40.19 | 50.28 | 49.15 | 长春 | 25.80 | 22.26 | 25.93 | 昆明 | 24.22 | 22.04 | 27.37 |
| 杭州 | 39.91 | 51.52 | 59.91 | 黄石 | 23.21 | 18.84 | 25.48 | 银川 | 23.46 | 29.80 | 35.76 |
| 上海 | 36.59 | 54.06 | 64.22 | 新余 | 21.63 | 17.30 | 23.11 | 包头 | 21.70 | 25.22 | 32.17 |
| 佛山 | 34.40 | 40.73 | 42.58 | 宜昌 | 20.68 | 20.73 | 28.18 | 贵阳 | 20.53 | 28.50 | 32.44 |
| 无锡 | 30.25 | 40.28 | 49.46 | 萍乡 | 19.48 | 17.64 | 21.76 | 呼和浩特 | 19.76 | 18.07 | 28.32 |
| 天津 | 29.25 | 32.79 | 47.50 | 长沙 | 18.67 | 24.30 | 36.68 | 兰州 | 17.03 | 22.53 | 28.25 |
| 济南 | 25.75 | 29.70 | 40.71 | 郑州 | 15.38 | 25.01 | 33.98 | 重庆 | 15.03 | 22.11 | 30.63 |
| 绍兴 | 25.56 | 34.09 | 42.10 | 马鞍山 | 14.77 | 19.95 | 28.91 | 桂林 | 11.85 | 12.63 | 19.41 |
| 青岛 | 25.01 | 31.61 | 41.53 | 合肥 | 14.63 | 22.12 | 34.89 | 乐山 | 11.32 | 13.67 | 20.03 |
| 淄博 | 24.75 | 24.09 | 34.10 | 洛阳 | 14.23 | 14.48 | 20.81 | 泸州 | 10.43 | 13.21 | 19.55 |
| 威海 | 24.37 | 30.26 | 36.07 | 湘潭 | 13.47 | 18.53 | 23.02 | 遵义 | 9.26 | 11.40 | 18.23 |
| 烟台 | 21.33 | 25.80 | 33.33 | 安阳 | 13.26 | 12.43 | 16.91 | 玉溪 | 8.89 | 12.69 | 17.05 |
| 海口 | 19.67 | 24.13 | 34.25 | 芜湖 | 12.78 | 18.64 | 29.01 | 保山 | 5.86 | 7.72 | 12.74 |
| 唐山 | 19.03 | 19.77 | 26.31 | 十堰 | 10.39 | 14.34 | 19.39 | | | | |
| 三明 | 18.15 | 16.62 | 23.50 | 许昌 | 7.99 | 10.90 | 16.09 | | | | |
| 福州 | 17.71 | 22.54 | 30.07 | 开封 | 7.69 | 11.58 | 15.30 | | | | |
| 南平 | 17.57 | 15.99 | 19.72 | | | | | | | | |
| 温州 | 15.93 | 20.11 | 30.88 | | | | | | | | |
| 汕头 | 15.63 | 17.54 | 17.78 | | | | | | | | |
| 南通 | 15.34 | 27.29 | 30.23 | | | | | | | | |
| 泉州 | 14.34 | 15.63 | 20.34 | | | | | | | | |
| 潍坊 | 12.18 | 16.70 | 23.73 | | | | | | | | |
| 盐城 | 11.90 | 15.95 | 22.19 | | | | | | | | |
| 徐州 | 11.48 | 16.85 | 21.37 | | | | | | | | |
| 湛江 | 8.21 | 10.59 | 16.94 | | | | | | | | |

注：本表中的就业质量是乘以 100 后的结果。

表 1-3　60 个城市城镇单位就业比例　　单位：%

| 东部地区 | | | | 中部地区 | | | | 西部地区 | | | |
|---|---|---|---|---|---|---|---|---|---|---|---|
| 城市 | 2011年 | 2016年 | 2022年 | 城市 | 2011年 | 2016年 | 2022年 | 城市 | 2011年 | 2016年 | 2022年 |
| 北京 | 64.12 | 66.65 | 65.99 | 太原 | 47.26 | 44.81 | 37.64 | 贵阳 | 35.11 | 40.34 | 33.37 |
| 上海 | 45.03 | 45.98 | 43.29 | 武汉 | 38.11 | 38.75 | 29.50 | 西安 | 31.12 | 36.94 | 29.79 |
| 广州 | 41.74 | 38.94 | 37.94 | 郑州 | 27.84 | 33.93 | 29.79 | 银川 | 31.10 | 30.92 | 27.52 |
| 杭州 | 41.44 | 42.86 | 39.53 | 长沙 | 27.77 | 25.93 | 28.24 | 兰州 | 29.14 | 31.80 | 31.50 |
| 海口 | 37.11 | 31.15 | 36.82 | 长春 | 24.69 | 26.46 | 21.37 | 昆明 | 27.66 | 28.69 | 21.60 |
| 绍兴 | 36.47 | 39.31 | 33.70 | 黄石 | 23.68 | 22.94 | 23.88 | 包头 | 26.32 | 24.36 | 26.49 |
| 天津 | 35.15 | 31.7 | 39.19 | 十堰 | 23.27 | 30.61 | 17.52 | 石嘴山 | 24.23 | 24.36 | 20.83 |
| 深圳 | 34.49 | 49.25 | 42.84 | 合肥 | 20.52 | 27.91 | 33.92 | 呼和浩特 | 19.29 | 23.01 | 29.35 |
| 济南 | 33.89 | 28.91 | 32.91 | 湘潭 | 17.91 | 27.00 | 23.36 | 重庆 | 18.43 | 24.04 | 20.99 |
| 威海 | 32.64 | 29.21 | 28.75 | 宜昌 | 17.24 | 24.24 | 25.33 | 乐山 | 14.98 | 14.33 | 15.07 |
| 泉州 | 30.48 | 27.91 | 21.59 | 芜湖 | 17.00 | 20.85 | 35.61 | 桂林 | 13.83 | 16.57 | 16.21 |
| 福州 | 30.09 | 29.25 | 33.97 | 新余 | 16.40 | 21.46 | 19.50 | 玉溪 | 12.98 | 16.76 | 13.04 |
| 淄博 | 26.90 | 26.18 | 30.55 | 马鞍山 | 15.71 | 15.86 | 21.94 | 泸州 | 10.99 | 15.18 | 21.65 |
| 烟台 | 24.41 | 22.34 | 20.32 | 洛阳 | 14.34 | 16.60 | 18.86 | 遵义 | 10.36 | 12.06 | 15.81 |
| 青岛 | 23.46 | 24.59 | 27.34 | 安阳 | 14.04 | 15.30 | 17.01 | 保山 | 9.98 | 11.94 | 10.75 |
| 无锡 | 22.53 | 29.29 | 28.21 | 萍乡 | 13.00 | 17.65 | 17.61 | | | | |
| 唐山 | 19.83 | 19.78 | 18.96 | 开封 | 12.76 | 18.67 | 14.46 | | | | |
| 温州 | 19.33 | 18.22 | 19.29 | 许昌 | 12.52 | 16.55 | 15.99 | | | | |
| 三明 | 15.59 | 18.33 | 14.45 | | | | | | | | |
| 汕头 | 14.92 | 24.02 | 19.35 | | | | | | | | |
| 盐城 | 14.76 | 19.60 | 15.43 | | | | | | | | |
| 南平 | 14.36 | 18.16 | 18.08 | | | | | | | | |
| 南通 | 14.20 | 44.83 | 34.71 | | | | | | | | |
| 佛山 | 13.63 | 39.13 | 26.05 | | | | | | | | |
| 潍坊 | 13.38 | 14.96 | 18.15 | | | | | | | | |
| 湛江 | 13.02 | 15.22 | 13.81 | | | | | | | | |
| 徐州 | 11.79 | 20.65 | 16.91 | | | | | | | | |

从工资报酬来看，东中西部地区城市均呈现显著增长趋势（见表 1–4）。东部地区城市工资报酬普遍较高，且增长快，例如杭州城镇就业人员平均工资从 2011 年的 54409 元增长到 2022 年的 157205 元；中部地区工资也呈现出增

长趋势，但是增速略低于东部地区；西部地区工资报酬虽低于东部地区，但增速显著，例如重庆、贵阳、遵义、西安和兰州等城市工资报酬均有明显增长。

表 1-4　60 个城市工资报酬　　单位：元

| 东部地区 | | | | 中部地区 | | | | 西部地区 | | | |
|---|---|---|---|---|---|---|---|---|---|---|---|
| 城市 | 2011 年 | 2016 年 | 2022 年 | 城市 | 2011 年 | 2016 年 | 2022 年 | 城市 | 2011 年 | 2016 年 | 2022 年 |
| 上海 | 77031 | 120503 | 212476 | 马鞍山 | 45738 | 65060 | 109561 | 银川 | 49938 | 70840 | 122657 |
| 北京 | 75835 | 122749 | 215143 | 武汉 | 45644 | 71963 | 129004 | 包头 | 47054 | 63987 | 106563 |
| 广州 | 57474 | 89096 | 152324 | 合肥 | 45442 | 71054 | 117760 | 呼和浩特 | 42797 | 56213 | 100990 |
| 天津 | 55636 | 87806 | 133691 | 太原 | 44868 | 64820 | 105242 | 西安 | 41679 | 69611 | 117932 |
| 深圳 | 55142 | 89757 | 164754 | 长沙 | 44495 | 77782 | 121171 | 昆明 | 41645 | 68375 | 118700 |
| 杭州 | 54409 | 87153 | 157205 | 芜湖 | 41947 | 61385 | 96390 | 遵义 | 40542 | 75480 | 107518 |
| 无锡 | 51517 | 84931 | 130497 | 长春 | 41471 | 68434 | 100896 | 重庆 | 40042 | 67386 | 111424 |
| 南通 | 44571 | 71743 | 106937 | 郑州 | 35756 | 61149 | 97244 | 兰州 | 38968 | 67011 | 100596 |
| 济南 | 44004 | 77012 | 123902 | 洛阳 | 33472 | 51295 | 86430 | 贵阳 | 38673 | 70535 | 105719 |
| 青岛 | 43162 | 76616 | 124061 | 湘潭 | 33376 | 56619 | 79220 | 石嘴山 | 38556 | 56989 | 104804 |
| 温州 | 42344 | 70069 | 118833 | 萍乡 | 31025 | 52389 | 92611 | 玉溪 | 38172 | 60408 | 108600 |
| 福州 | 42240 | 67630 | 115549 | 许昌 | 29854 | 48235 | 72743 | 桂林 | 34082 | 59129 | 89309 |
| 唐山 | 42029 | 59623 | 95342 | 安阳 | 29496 | 45734 | 73760 | 乐山 | 31799 | 54222 | 93470 |
| 佛山 | 40665 | 67187 | 108934 | 十堰 | 28556 | 46056 | 95383 | 泸州 | 30733 | 56048 | 88503 |
| 绍兴 | 39808 | 61394 | 107981 | 开封 | 27447 | 48807 | 69284 | 保山 | 26904 | 53186 | 95300 |
| 徐州 | 39490 | 57228 | 99803 | 黄石 | 26996 | 44549 | 81324 | | | | |
| 海口 | 38060 | 62030 | 106266 | 新余 | 26290 | 54602 | 96386 | | | | |
| 淄博 | 37944 | 61928 | 94613 | 宜昌 | 25978 | 47193 | 93566 | | | | |
| 烟台 | 37790 | 64219 | 102825 | | | | | | | | |
| 三明 | 37602 | 64324 | 108344 | | | | | | | | |
| 潍坊 | 36646 | 61815 | 90746 | | | | | | | | |
| 泉州 | 35901 | 57141 | 89579 | | | | | | | | |
| 盐城 | 35498 | 58205 | 104956 | | | | | | | | |
| 威海 | 35376 | 57812 | 88848 | | | | | | | | |
| 南平 | 33750 | 59537 | 94101 | | | | | | | | |
| 汕头 | 32785 | 55867 | 92765 | | | | | | | | |
| 湛江 | 29821 | 55565 | 107616 | | | | | | | | |

从城镇职工养老保险覆盖率来看，大部分城市养老保险覆盖率逐年上升（见表 1-5）。东部地区城市覆盖率普遍较高，例如北京、上海、杭州、绍兴、

温州、青岛、威海等城市养老保险覆盖率逐年增长，但也有部分城市呈先升后降趋势。中西部地区养老保险覆盖率较东部地区低，但整体呈逐年上升的趋势，以合肥和贵阳为例，分别从 2011 年的 14.63% 和 22.78% 上升到 2022 年的 38.48% 和 43.76%，呈现出较大的提升幅度。

表 1-5 60 个城市城镇职工基本养老保险覆盖率 单位：%

| 东部地区 | | | | 中部地区 | | | | 西部地区 | | | |
|---|---|---|---|---|---|---|---|---|---|---|---|
| 城市 | 2011年 | 2016年 | 2022年 | 城市 | 2011年 | 2016年 | 2022年 | 城市 | 2011年 | 2016年 | 2022年 |
| 深圳 | 71.65 | 86.46 | 78.14 | 武汉 | 32.93 | 25.08 | 47.21 | 石嘴山 | 42.59 | 31.04 | 49.84 |
| 北京 | 54.49 | 69.03 | 85.51 | 太原 | 28.34 | 32.23 | 38.73 | 西安 | 27.02 | 40.76 | 47.97 |
| 杭州 | 49.21 | 63.13 | 66.52 | 新余 | 23.80 | 16.10 | 33.07 | 银川 | 25.73 | 34.99 | 41.79 |
| 广州 | 41.57 | 78.33 | 47.30 | 长沙 | 22.56 | 27.47 | 44.68 | 贵阳 | 22.78 | 36.19 | 43.76 |
| 佛山 | 40.11 | 57.62 | 47.70 | 长春 | 22.32 | 27.87 | 33.66 | 重庆 | 21.58 | 28.21 | 40.96 |
| 上海 | 38.34 | 57.86 | 67.02 | 黄石 | 22.15 | 26.13 | 36.99 | 包头 | 20.86 | 33.04 | 40.63 |
| 天津 | 33.96 | 40.97 | 58.70 | 宜昌 | 21.64 | 18.58 | 37.99 | 昆明 | 15.42 | 22.29 | 29.52 |
| 青岛 | 32.97 | 43.70 | 51.92 | 郑州 | 19.19 | 35.99 | 48.91 | 呼和浩特 | 14.56 | 14.33 | 24.96 |
| 无锡 | 32.65 | 47.48 | 56.87 | 萍乡 | 16.97 | 21.74 | 34.06 | 乐山 | 13.99 | 15.86 | 22.60 |
| 绍兴 | 30.40 | 42.10 | 53.77 | 马鞍山 | 16.38 | 27.22 | 35.25 | 泸州 | 12.67 | 21.53 | 26.01 |
| 威海 | 29.61 | 42.56 | 50.67 | 合肥 | 14.63 | 20.33 | 38.48 | 玉溪 | 10.15 | 13.73 | 14.06 |
| 温州 | 24.06 | 27.25 | 41.69 | 安阳 | 14.16 | 16.63 | 22.56 | 兰州 | 9.34 | 19.36 | 26.06 |
| 济南 | 23.24 | 38.71 | 51.90 | 洛阳 | 13.34 | 16.17 | 25.83 | 桂林 | 8.46 | 14.67 | 23.24 |
| 唐山 | 22.29 | 28.05 | 34.47 | 芜湖 | 13.33 | 21.97 | 32.24 | 遵义 | 5.78 | 10.58 | 17.87 |
| 淄博 | 21.65 | 25.60 | 42.28 | 湘潭 | 12.60 | 21.88 | 29.86 | 保山 | 3.83 | 8.06 | 12.25 |
| 福州 | 19.44 | 25.10 | 33.09 | 开封 | 12.04 | 12.88 | 22.76 | | | | |
| 海口 | 19.37 | 23.35 | 40.27 | 许昌 | 9.65 | 12.27 | 21.41 | | | | |
| 烟台 | 18.64 | 34.26 | 43.14 | 十堰 | 8.83 | 12.14 | 21.58 | | | | |
| 三明 | 18.61 | 16.32 | 32.11 | | | | | | | | |
| 南平 | 17.97 | 13.77 | 22.40 | | | | | | | | |
| 南通 | 16.46 | 30.13 | 23.28 | | | | | | | | |
| 潍坊 | 16.38 | 20.31 | 27.24 | | | | | | | | |
| 汕头 | 14.38 | 25.09 | 13.61 | | | | | | | | |
| 湛江 | 13.18 | 11.81 | 15.72 | | | | | | | | |
| 盐城 | 12.23 | 15.20 | 18.00 | | | | | | | | |
| 徐州 | 11.10 | 18.37 | 22.56 | | | | | | | | |
| 泉州 | 10.68 | 16.32 | 26.84 | | | | | | | | |

综上，东部地区城市就业质量整体较高，工资报酬显著增加，城镇单位就业比例呈现先上升后下降趋势，2016—2022年部分城市的养老保险覆盖率明显下降；中部地区城市就业质量增幅较小，2016—2022年城镇单位就业比例呈现下降趋势，工资报酬增长明显，养老保险覆盖率呈现逐步上升趋势；西部地区城市就业质量水平整体较低，但增幅显著，城镇单位就业比例低但呈现波动上升的趋势，养老保险覆盖率和工资报酬虽然绝对值水平较低，但增速较快。

### 2. 五大城市群就业质量分析

本部分进一步分析京津冀城市群、长三角城市群、粤港澳大湾区城市群、成渝城市群和长江中游城市群等五大城市群在2011—2021年就业质量的演变（见图1–9）。

整体上，五大城市群就业质量呈现波动上升的趋势，其中粤港澳大湾区城市群和长三角城市群就业质量显著高于其他三大城市群。具体来看，粤港澳大湾区城市群的城镇单位就业比例在五大城市群中居于首位，2011—2014年有显著上升，但2014年之后略有下降；类似地，长三角城市群城镇单位就业比例位居第二，2011—2014年显著上升，2014年之后呈现下降的趋势；2021年京津冀城市群城镇单位就业比例超过长三角城市群；成渝城市群城镇单位就业比例相对最低，但整体上呈现上升的趋势。从平均工资报酬来看，五大城市群均呈现逐年增长的趋势。其中，长三角城市群、京津冀城市群和粤港澳大湾区城市群的工资报酬水平相对接近，长江中游城市群工资报酬水平最低。从劳动保障来看，粤港澳大湾区城市群在医疗保险覆盖率、养老保险覆盖率和失业保险覆盖率方面均位居第一，其中医疗保险覆盖率呈现逐年下降的趋势，而养老保险覆盖率和失业保险覆盖率在2014年之后呈现下降趋势。长三角城市群在劳动保障方面位居五大城市群第二位，医疗保险覆盖率和养老保险覆盖率也在2014年之后有波动下降趋势，在2017年之后再次上升。京津冀城市群位居五大城市群排名第三位，而长江中游城市群和成渝城市群劳动保障水平比较接近。

综上，粤港澳大湾区城市群和长三角城市群的就业质量相对较高，而成渝城市群就业质量在五大城市群中相对较低，这可能与城市群的经济发展水平和产业结构有关。

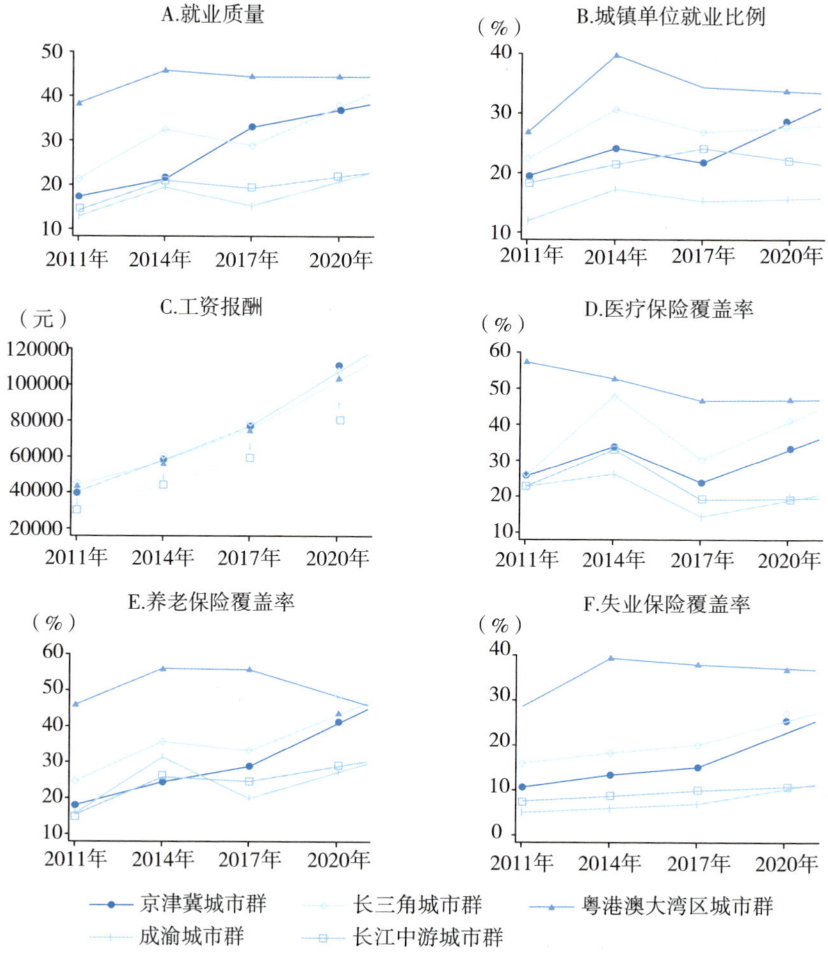


**图 1-9 五大城市群就业质量特征**

注：本图中最新数据为 2021 年，出于美观原因，横轴中“2021 年”未在右侧标示。由于数据获得受限，本部分粤港澳大湾区城市群数据不包括香港特别行政区和澳门特别行政区。

## （二）就业质量特征事实：基于微观调查数据

本部分采用中国家庭追踪调查（CFPS）2014—2020 年数据，从劳动者视角对就业质量进行测度。同样从劳动者的获得感、幸福感和安全感角度出发，并借鉴现有研究的做法（张广胜和王若男，2023），从工资收入、劳动保障、工作稳定性、工作时间和工作满意度五个维度来衡量就业质量（见表 1–6）。同时，对工资收入、劳动保障、工作稳定性与工作满意度四个指标进行正向标准化处理，由于工作时间与就业质量之间呈负相关关系，因此对该指标进行反向标准化处理，在此基础上采用熵权法构建就业质量指数。

表 1-6 就业质量测度体系

| 维度 | 具体变量 | 属性 |
|---|---|---|
| 工资收入 | 月工资收入取对数 | + |
| 劳动保障 | 参加基本养老保险、基本医疗保险、失业、工伤和生育保险，每参加一项计分为1，取值为0～5 | + |
| 工作稳定性 | 签订劳动合同取值为1，反之为0 | + |
| 工作时间 | 每周工作小时数 | − |
| 工作满意度 | 对工作的总体满意度，评价为非常不满意、不太满意、一般、比较满意、非常满意，分别赋值1~5 | + |

基于上述指标体系，从个体层面对劳动者就业质量进行测度，并进一步按照劳动者技能水平、年龄阶段和职业分类，比较分析不同类别劳动者就业质量特征。

### 1. 不同技能水平劳动者就业质量特征分析

本部分分别从总指标以及五个维度分析 2014—2020 年不同技能水平劳动者的就业质量特征。借鉴现有研究的通常做法（田鸽和张勋，2022），按照受教育程度将劳动者划分为高技能（大专及以上学历）和低技能（高中及以下学历）两类。从图 1–10A 可以发现，2014—2020 年不同技能水平劳动者就业质量均呈上升趋势，但差距仍然显著。从图 1–10B 可以看出，高技能劳动者和低技能劳动者工资收入均呈现明显的上升趋势，但低技能劳动者的工资收入与高技能劳动者之间仍然有一定差距。从劳动保障水平来看，高技能劳动者社会保险平均参与项数在 3 项以上，明显高于低技能劳动者。在就业稳定性方面，高技能劳动者签订劳动合同的比例为 70% ～ 80%，而低技能劳动者的这一比例在 2020 年还不到 50%。从工作满意度来看，高技能和低技能劳动者该指标均有明显提升。在工作时间方面，低技能劳动者的工作时间显著高于高技能劳动者，且平均每周工作时间超过 50 小时，存在过度劳动的现象①。综上，从总指标及分维度分析可见，低技能劳动者的就业质量与高技能劳动者之间仍存在较大差距。

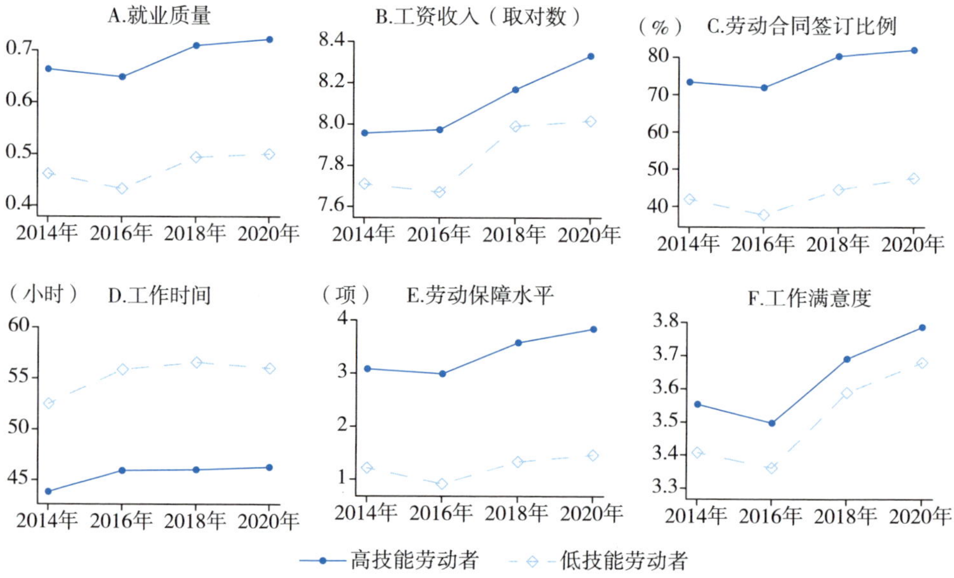


**图 1-10　2014—2020 年不同技能水平劳动者就业质量**

## 2. 不同年龄段劳动者就业质量特征分析

本部分进一步将劳动者按照年龄阶段 20 ~ 35 岁、35 ~ 45 岁、45 ~ 60 岁②划分为三个群体，并进行比较分析（见图 1-11）。从总指标来看，2014—2016 年不同年龄段群体就业质量呈现较为明显的下降趋势，20 ~ 35 岁劳动者的就业质量水平较高，而 45 ~ 60 岁劳动者就业质量显著较低。从工资收入来看，各年龄段的劳动者工资收入均呈现逐年上升的趋势，其中 20 ~ 35 岁以及 35 ~ 45 岁群体的工资收入水平差异较小，且显著高于 45 ~ 60 岁劳动者收

① 已有研究大多将每周劳动时间超过 50 小时作为识别过度劳动的标准（祝仲坤，2020；汪伟和崔亚东，2022；刘涛等，2023）。

② 每个年龄段划分时，包含前一个年龄数字，不包含后一个年龄数字。下同。

入。从劳动合同来看，仅 20 ~ 35 岁劳动者的劳动合同签订比例呈现逐年上升的趋势，且在 2020 年超过 65%；45 ~ 60 岁劳动合同签订比例较低，2014—2016 年呈现下降趋势，也表明该群体的就业稳定性相对较差，更多地选择灵活就业或打零工。从工作时间来看，不同年龄段劳动者的工作时间差异较小，但 45 ~ 60 岁劳动者的工作时间在 2014—2018 年呈现明显的上升趋势。从劳动保障水平来看，20 ~ 45 岁劳动者社会保险参与项数在 2.5 项左右，而 45 ~ 60 岁劳动者劳动保障水平较低。从主观指标工作满意度来看，各年龄段劳动者工作满意度均呈现上升趋势，并且 45 ~ 60 岁劳动者工作满意度最高。

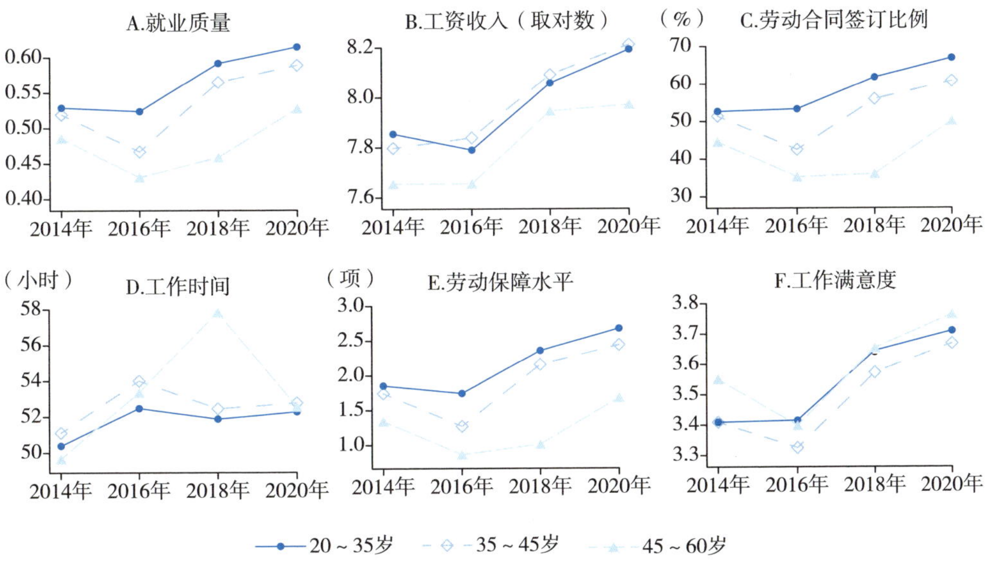


**图 1-11　2014—2020 年不同年龄段劳动者就业质量**

### 3. 不同职业劳动者就业质量特征分析

本部分按照劳动者从事的职业进行分类，将其划分为单位负责人、研究和技术人员、办事业务人员、商业和服务人员以及生产人员五大类，并进行比较分析（见图 1–12）。

从总指标来看，研究和技术人员的就业质量最高，单位负责人次之，办事业务人员就业质量位居第三，而生产人员就业质量最低。从工资收入来看，

2014—2020 年不同职业类别劳动者的工资水平总体呈上升趋势。单位负责人的工资水平最高且增长幅度最大，研究和技术人员的工资水平也有显著提升。办事业务人员、商业和服务人员以及生产人员的工资水平虽然相对较低，但也呈现出逐步增长的趋势。在劳动合同签订比例方面，商业和服务人员以及生产人员明显低于其他三类职业劳动者。从工作时间来看，生产人员的工作时间相对较长，且平均超过 50 小时 / 周。从劳动保障水平来看，商业和服务人员以及生产人员的保障水平较低，平均参加社会保险不超过 2 项。工作满意度方面，生产人员的工作满意度最低。

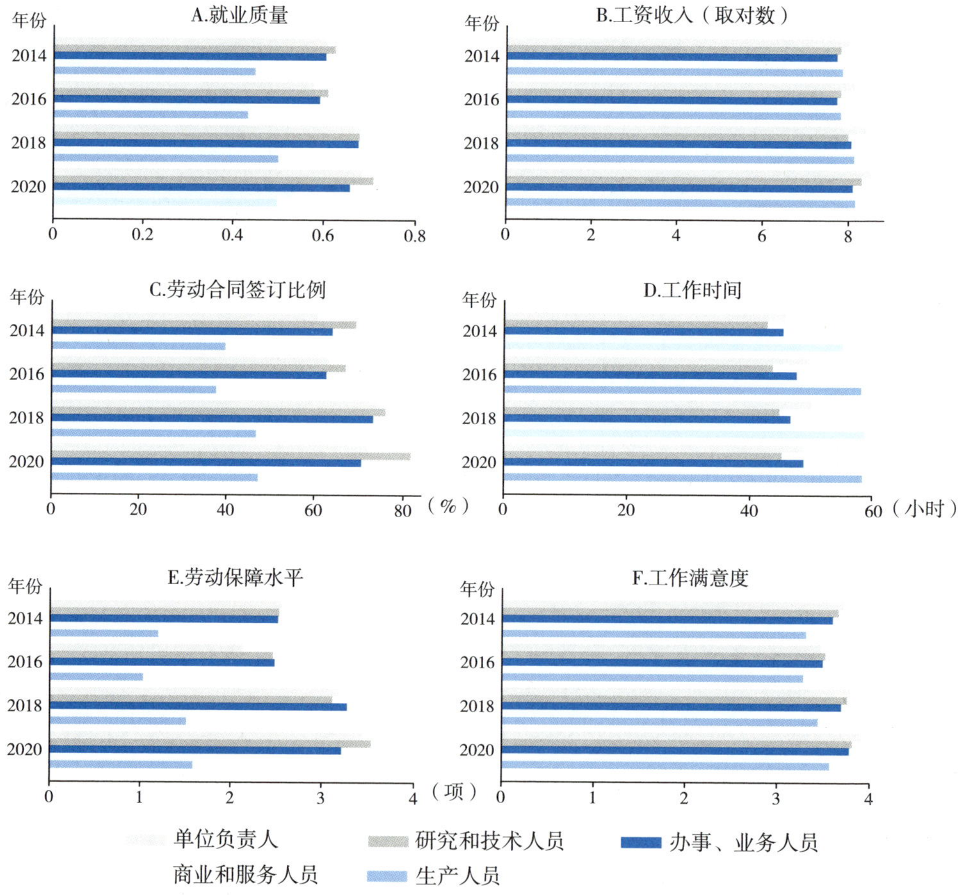


**图 1-12　2014—2020 年不同职业劳动者就业质量**

# 第二章　人工智能背景下企业招聘需求的变迁

## 关键发现

- 人工智能岗位对具备软件开发能力与掌握新兴人工智能技术的人才保持较高需求。这类人才的学历和工作经验要求不断提高，薪资待遇也在逐年上升。
- 人工智能岗位不仅重视编程语言、设计软件、操作系统等专业技能，也日益重视沟通能力、解决问题能力、表达能力和抗压能力等软技能。
- 人工智能对部分互联网与电子工程类岗位产生积极影响，对部分白领和知识型岗位产生消极影响。受人工智能积极影响的岗位，人才需求和薪资待遇更高，其学历和工作经验的门槛要求也更高。
- 受人工智能积极影响的岗位通常要求申请人掌握特定软件和工具，受人工智能消极影响的岗位则多注重专业资格证书。
- 无论是受人工智能积极影响还是消极影响的岗位，对于沟通能力和积极性的需求都在快速增长。此外，受人工智能积极影响的岗位越发重视热爱、团队精神，而受消极影响的岗位越发看重热情、亲和力。

# 第一节 人工智能岗位招聘需求变化趋势

人工智能岗位是指涉及开发、实施、管理和优化人工智能（包括大数据、机器学习和大语言模型等）技术的岗位。为了在企业招聘数据中精准识别出人工智能岗位，我们依照人工智能所需要的技术，结合 Alekseeva et al.（2021）和姚加权等（2024）提供的人工智能词表，选取出人工智能、声纹识别、语音交互等 103 个识别人工智能岗位的关键词（见附录 2）。当企业发布招聘信息时，如果该招聘岗位的职位描述包含这些关键词，那么该岗位被识别为人工智能岗位，否则为非人工智能岗位。使用 2019—2023 年智联招聘和前程无忧的 3375 万余条在线招聘数据，我们共识别出 325073 类人工智能岗位，并列出了人工智能岗位需求排名前 20 的岗位（见附录 3）。这些岗位不仅包括直接涉及人工智能（AI）开发的角色，如算法工程师、数据分析师和 Python 开发工程师，还涵盖支持和实施这些技术的多种工程师和管理岗位，如 .NET、安卓（Android）、Java 编程语言（简称 Java）开发工程师、项目经理和实施工程师。

## 一、人工智能岗位的需求数量变化

### （一）全国总体变化

2016 年，谷歌阿尔法狗（AlphaGo）与韩国围棋选手李世石上演人机大战，人工智能程序 AlphaGo 以 4 ∶ 1 的比分打败了顶级专业棋手李世石九段，将人工智能推向了新的高度。随着科技进步，企业智能化转型加速，对人工智能人才的需求不断上升，表现为人工智能岗位数量在全国范围内的不断增加。

2019 年 12 月是人工智能岗位招聘需求迅速上升的第一个关键节点（见图 2–1）。隔离防疫、远程办公、远程教育、医疗卫生等多方面需求的增加使得在总体岗位用人需求规模缩小的情况下，人工智能岗位用人需求规模仍然保持相对稳定的扩大趋势。比如，为保持社交距离、避免大型聚集活动，传统的办公和教学方式受到限制，居家办公和在线课堂成为维持工作和学习的重要手段，开发协助员工线上工作和帮助教师开展网络教学的工具尤为迫切，对自动化办公、AI 字幕、AI 翻译、AI 总结等一系列人工智能技术的需求催生了大量人工智能岗位。

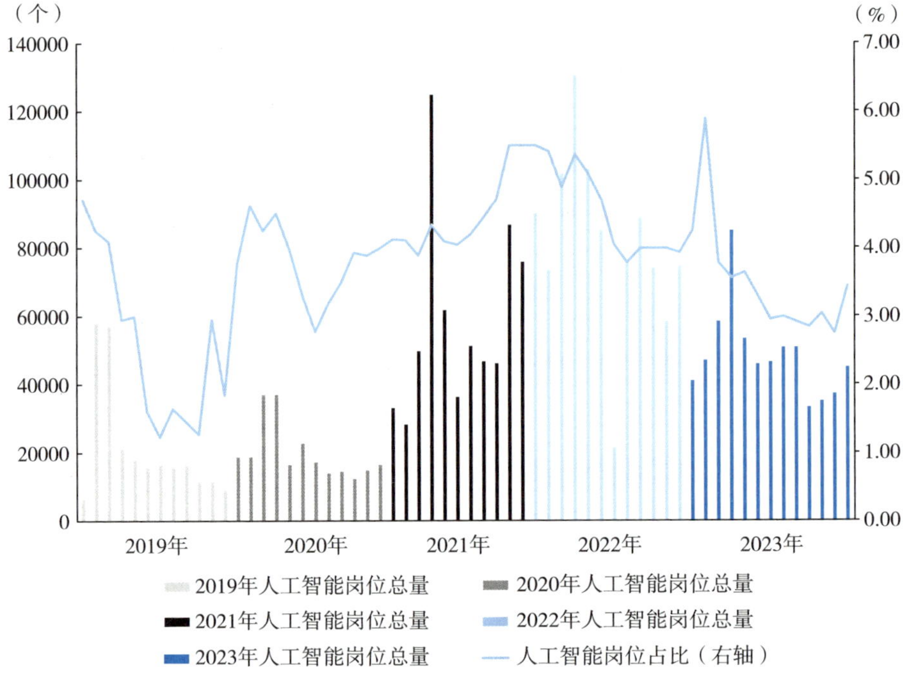


**图 2-1　2019—2023 年各月人工智能岗位总量及其占比**

资料来源：智联招聘、前程无忧。

注：每个颜色的细柱从左到右分别代表 1–12 月份。

促进人工智能岗位人才需求上升的另一时间节点是 2022 年 12 月 OpenAI 正式发布 ChatGPT 3.5。自此，全球互联网企业推出各类生成式人工智能，包括 Google 的 Bard，Anthropic 的 Claude，百度的文心一言以及科大讯飞的讯飞星火等。这些基于大语言模型的自然语言处理工具，以其突出的语言理解和文本生成能力激发了国内企业对人工智能相关技术研发与应用的热情，招聘广告中，人工智能相关岗位数量占比出现跨越式增长，从2022年12月的4.29%跃升至2023年1月的5.89%。

在此后的几个月，人工智能岗位数量占比出现了一定程度下降，反映了劳动力需求和供给两方面的变化。

第一，从劳动力需求侧看，企业在面对新兴技术时，往往会争先恐后地投入资源，试图占据市场先机。然而，人工智能的发展需要人力、物力和算力的长期投入，企业一旦发现短期内的人力投入未能带来预期收益，便开始缩减投入，这一变化在劳动力市场上表现为人工智能岗位数量的减少。

第二，从劳动力供给侧看，人工智能人才培养周期较长，人才缺口大。根据人力资源和社会保障部2020年发布的《新职业——人工智能工程技术人员就业景气现状分析报告》，我国人工智能人才缺口超过500万，国内供求比例为1∶10，严重失衡。企业在短期内对人工智能人才的需求激增，然而，人才供给速度难以跟上需求增长速度从而导致了人才缺口，市场无法满足企业对人工智能人才的需求，进而造成了劳动力市场上人工智能岗位数量占比的下降。

### （二）各省份人工智能岗位变化

2019年，全国[①]人工智能岗位主要集中在广东、上海、江苏和北京，四省份的岗位数量占全国当年总量的54.93%。其中，广东省的占比高达26.70%，排名靠后的17个省份占比总和不足10%（见表2-1）。2017年以来，各省份高度重视人工智能行业的发展，出台了一系列政策文件。从政策扶持到税收优惠，从技术部署到人才引进，多方面促进了人工智能项目的落地，也推动着当地人工智能产业的快速发展，刺激了当地对人工智能相关人才的需求。

2023年，人工智能岗位虽仍然集中在广东、上海、江苏和北京，但四省份的占比总和降至42.39%，岗位的地域分布更均匀。占比排名靠后的17个省份比例总和达17.80%。尽管四个头部省份占比下降，但其人才需求总量仍在上升，合计

① 因数据获取问题，除专门说明外，统计数据未包含港澳台，下同。

增长了46.77%。同期，全国人才需求量增长更快，人工智能相关人才竞争激烈。

**表 2-1　各省份 2019 年和 2023 年人工智能岗位数量占比**

| 省（自治区、直辖市） | 2019 年 | 2023 年 | 5 年变化 |
|---|---|---|---|
| 北京 | 7.56% | 11.47% | 3.91个百分点 |
| 河南 | 2.11% | 4.34% | 2.23个百分点 |
| 山东 | 3.28% | 5.46% | 2.18个百分点 |
| 河北 | 1.13% | 2.72% | 1.59个百分点 |
| 安徽 | 2.03% | 3.17% | 1.14个百分点 |
| 山西 | 0.43% | 1.47% | 1.04个百分点 |
| 吉林 | 0.46% | 1.34% | 0.88个百分点 |
| 甘肃 | 0.27% | 1.05% | 0.78个百分点 |
| 江西 | 0.86% | 1.62% | 0.76个百分点 |
| 天津 | 0.77% | 1.41% | 0.64个百分点 |
| 广西 | 0.72% | 1.32% | 0.60个百分点 |
| 贵州 | 0.63% | 1.19% | 0.56个百分点 |
| 辽宁 | 2.05% | 2.59% | 0.54个百分点 |
| 内蒙古 | 0.19% | 0.72% | 0.53个百分点 |
| 福建 | 2.28% | 2.77% | 0.49个百分点 |
| 新疆 | 0.18% | 0.49% | 0.31个百分点 |
| 黑龙江 | 0.48% | 0.79% | 0.31个百分点 |
| 宁夏 | 0.13% | 0.42% | 0.29个百分点 |
| 青海 | 0.06% | 0.28% | 0.22个百分点 |
| 陕西 | 3.18% | 3.37% | 0.19个百分点 |
| 云南 | 1.00% | 1.17% | 0.17个百分点 |
| 海南 | 0.30% | 0.38% | 0.08个百分点 |
| 西藏 | 0.03% | 0.11% | 0.08个百分点 |
| 重庆 | 1.86% | 1.77% | –0.09个百分点 |
| 湖南 | 2.42% | 2.27% | –0.15个百分点 |
| 浙江 | 6.73% | 6.13% | –0.60个百分点 |
| 江苏 | 9.41% | 8.70% | –0.71个百分点 |
| 湖北 | 4.97% | 4.15% | –0.82个百分点 |
| 四川 | 6.51% | 5.13% | –1.38个百分点 |
| 上海 | 11.26% | 7.49% | –3.77个百分点 |
| 广东 | 26.70% | 14.73% | –11.97个百分点 |

资料来源：智联招聘、前程无忧。

注：由于四舍五入原因，表中 2019 年和 2023 年的列数据加总后不一定为 100%，以下表格若出现同样状况，同此说明。

### （三）各城市群人工智能岗位变化

从城市分布来看，人工智能岗位高度集中在省会城市和直辖市，但一线城市的聚集程度略有下降。2019 年，北京、上海、广州、深圳四个城市人工智能岗位需求数量占全国总量的 42.30%，到 2023 年下降至 30.45%，超过 90% 的城市的需求数量占比增加。由于此类资源的稀缺性和集中性，仍然只有一些省会城市和直辖市是人工智能和机器学习等技术岗位的集中地。根据 2023 年智联招聘和前程无忧人工智能岗位的数据统计，人工智能岗位较多的前 20 个城市中，除青岛市和苏州市外，其他城市均为省会城市或直辖市。

人工智能作为一项新兴的前沿技术，其发展水平受科技投入、科研水平、人才聚集度、风险资本投入以及社会文化等多重因素的影响，而中心城市具备以上优势，是人工智能技术创新、集成和应用的主要平台。因此，以中心城市为核心的城市群在人工智能发展中具有重要意义（见表 2-2）。京津冀城市群人工智能岗位占比上升幅度最大，达到 10.72 个百分点。这一变化主要源于劳动力成本上升、产业结构调整以及政策驱动的战略变化。首先，沿海地区，尤其是珠三角，经历了快速的经济发展，显著提升了收入水平与生活质量，但这也导致劳动力成本持续攀升。随着制造业升级和服务业扩张，珠三角地区的企业面临越来越大的经营成本上升压力，尤其是在人工智能等高新技术产业中，企业必须在技术研发与成本控制之间取得平衡。为了降低成本，许多企业选择将部分业务迁移至劳动力相对廉价的内陆省会城市或其他新兴城市群。其次，各大城市纷纷推出新的人工智能发展战略，展开激烈的“抢人大战”。近年来，各地方政府愈发重视科技创新，通过政策优惠、人才引进和科研资金支持等措施，积极吸引高端人才和创新企业。城市之间的竞争不仅提升了内陆地区的吸引力，也削弱了沿海地区的优势。

表 2-2　十九大城市群 2019 年和 2023 年人工智能岗位占比

| 城市群类型 | 十九大城市群 | 2019 年 | 2023 年 | 5 年变化 |
|---|---|---|---|---|
| 优化提升组 | 京津冀城市群 | 8.72% | 19.44% | 10.72个百分点 |
| | 长三角城市群 | 27.95% | 31.71% | 3.76个百分点 |
| | 粤港澳大湾区城市群 | 26.71% | 17.96% | –8.75个百分点 |
| | 成渝城市群 | 8.31% | 8.30% | –0.01个百分点 |
| | 长江中游城市群 | 7.94% | 9.10% | 1.16个百分点 |
| 发展壮大组 | 山东半岛城市群 | 3.22% | 6.79% | 3.57个百分点 |
| | 粤闽浙沿海城市群 | 2.65% | 3.93% | 1.28个百分点 |
| | 中原城市群 | 2.12% | 5.75% | 3.63个百分点 |
| | 北部湾城市群 | 1.58% | 1.49% | –0.09个百分点 |
| | 关中平原城市群 | 3.12% | 4.07% | 0.95个百分点 |
| 培育发展组 | 哈长城市群 | 0.91% | 2.25% | 1.34个百分点 |
| | 辽中南城市群 | 2.01% | 3.02% | 1.01个百分点 |
| | 天山北坡城市群 | 0.01% | 0.48% | 0.47个百分点 |
| | 山西中部城市群 | 0.38% | 1.17% | 0.79个百分点 |
| | 呼包鄂榆城市群 | 0.16% | 0.83% | 0.67个百分点 |
| | 宁夏沿黄城市群 | 0.12% | 0.49% | 0.37个百分点 |
| | 兰州–西宁城市群 | 0.24% | 0.75% | 0.51个百分点 |
| | 黔中城市群 | 0.61% | 1.24% | 0.63个百分点 |
| | 滇中城市群 | 0.97% | 1.15% | 0.18个百分点 |

资料来源：智联招聘、前程无忧。

注：由于数据限制，本部分粤港澳大湾区城市群数据不包括香港特别行政区和澳门特别行政区。

## （四）各行业人工智能岗位变化

随着人工智能技术的发展和应用场景的丰富，各行业都在积极探索如何利用人工智能实现商业价值，人工智能技术正在从传统的互联网和软件领域向更多行业渗透，尤其是那些此前未广泛采用人工智能技术的行业。各行业人工智能岗位的需求变动趋势如表 2–3 所示。以商务服务业为例，属于商务服务业的企业所发布的人工智能岗位招聘信息占各行业人工智能岗位招聘信息的比重从 2019 年的 7.71% 跃升至 2023 年的 30.07%，这表明商务服务业对人工智能技术人才的需求急剧增加，尤其是在数据分析、客户服务自动化和商业智能方面。部分制造业（如汽车制造业、专用设备制造业、仪器仪表制造业等）的人工智能岗位招聘信息占比出现了不同程度的上升，反映了智能制造和自动化在传统制造业中的重要性日益凸显。这种跨行业的人工智能技术扩展和应用，体现了人工智能正在从技术研发向实际应用转型。同时，与人工智能技术更直接相关的行业（如计算机、通信和其他电子设备制造业，互联网和相关服务业，软件和信息技术服务业等）的人工智能岗位招聘信息占比却有所下降，这进一步反映了企业愈发注重人工智能技术的落地应用，以及人工智能技术从高科技行业逐渐向各个传统行业渗透的趋势。

**表 2-3　2019 年和 2023 年各行业人工智能岗位需求占比变化**

| 行业 | 2019 年 | 2023 年 | 行业 | 2019 年 | 2023 年 |
| --- | --- | --- | --- | --- | --- |
| 保险业 | 0.72% | 0.44% | 皮革、毛皮、羽毛及其制品和制鞋业 | 0.05% | 0.04% |
| 餐饮业 | 0.16% | 0.07% | 其他采矿业 | 0.01% | 0.00% |
| 畜牧业 | 0.01% | 0.04% | 其他服务业 | 0.24% | 0.13% |
| 道路运输业 | 0.09% | 0.08% | 其他金融业 | 1.13% | 0.47% |
| 电力、热力生产和供应业 | 0.17% | 0.40% | 其他制造业 | 0.17% | 0.17% |
| 电气机械和器材制造业 | 0.76% | 1.32% | 汽车制造业 | 0.46% | 0.85% |
| 电信、广播电视和卫星传输服务 | 0.42% | 0.92% | 燃气生产和供应业 | 0.02% | 0.04% |
| 多式联运和运输代理业 | 0.54% | 0.25% | 软件和信息技术服务业 | 27.94% | 20.86% |
| 房地产业 | 2.34% | 1.06% | 商务服务业 | 7.71% | 30.07% |
| 房屋建筑业 | 0.21% | 0.31% | 社会工作 | 0.09% | 0.08% |
| 纺织服装、服饰业 | 0.28% | 0.11% | 生态保护和环境治理业 | 0.13% | 0.15% |
| 纺织业 | 0.11% | 0.12% | 石油、煤炭及其他燃料加工业 | 0.03% | 0.05% |
| 非金属矿采选业 | 0.01% | 0.00% | 食品制造业 | 0.15% | 0.22% |
| 非金属矿物制品业 | 0.11% | 0.12% | 水的生产和供应业 | 0.03% | 0.03% |
| 废弃资源综合利用业 | 0.01% | 0.03% | 水利管理业 | 0.05% | 0.05% |
| 公共设施管理业 | 0.12% | 0.11% | 水上运输业 | 0.07% | 0.05% |

续表

| 行业 | 2019 年 | 2023 年 | 行业 | 2019 年 | 2023 年 |
|---|---|---|---|---|---|
| 广播、电视、电影和录音制作业 | 0.35% | 0.13% | 体育 | 0.20% | 0.09% |
| 航空运输业 | 0.10% | 0.10% | 铁路、船舶、航空航天和其他运输设备制造业 | 0.13% | 0.21% |
| 黑色金属矿采选业 | 0.00% | 0.01% | 通用设备制造业 | 0.39% | 0.49% |
| 黑色金属冶炼和压延加工业 | 0.02% | 0.03% | 土地管理业 | 0.03% | 0.04% |
| 互联网和相关服务业 | 5.31% | 3.22% | 土木工程建筑业 | 0.22% | 0.33% |
| 化学纤维制造业 | 0.01% | 0.01% | 卫生 | 0.25% | 0.15% |
| 化学原料和化学制品制造业 | 0.27% | 0.46% | 文化艺术业 | 1.00% | 0.37% |
| 货币金融服务 | 0.32% | 0.22% | 文教、工美、体育和娱乐用品制造业 | 0.17% | 0.09% |
| 机动车、电子产品和日用产品修理业 | 0.18% | 0.14% | 橡胶和塑料制品业 | 0.13% | 0.14% |
| 计算机、通信和其他电子设备制造业 | 5.76% | 5.54% | 新闻和出版业 | 0.22% | 0.17% |
| 家具制造业 | 0.20% | 0.21% | 烟草制品业 | 0.00% | 0.00% |
| 建筑安装业 | 0.47% | 0.45% | 研究和试验发展 | 8.83% | 5.92% |
| 建筑装饰、装修和其他建筑业 | 0.60% | 0.36% | 医药制造业 | 0.46% | 0.82% |
| 教育 | 2.09% | 0.86% | 仪器仪表制造业 | 0.90% | 1.03% |
| 金属制品、机械和设备修理业 | 0.04% | 0.06% | 印刷和记录媒介复制业 | 0.07% | 0.04% |
| 金属制品业 | 0.17% | 0.16% | 邮政业 | 0.05% | 0.09% |
| 酒、饮料和精制茶制造业 | 0.10% | 0.21% | 有色金属矿采选业 | 0.02% | 0.05% |
| 居民服务业 | 0.11% | 0.10% | 有色金属冶炼和压延加工业 | 0.04% | 0.10% |
| 开采专业及辅助性活动 | 0.01% | 0.01% | 娱乐业 | 0.18% | 0.06% |
| 科技推广和应用服务业 | 13.50% | 11.03% | 渔业 | 0.01% | 0.01% |
| 林业 | 0.00% | 0.01% | 造纸和纸制品业 | 0.06% | 0.05% |
| 零售业 | 1.79% | 0.93% | 住宿业 | 0.10% | 0.06% |
| 煤炭开采和洗选业 | 0.00% | 0.01% | 专业技术服务业 | 4.41% | 2.64% |

续表

| 行业 | 2019 年 | 2023 年 | 行业 | 2019 年 | 2023 年 |
|---|---|---|---|---|---|
| 木材加工和木、竹、藤、棕、草制品业 | 0.02% | 0.02% | 专用设备制造业 | 0.66% | 0.93% |
| 农、林、牧、渔专业及辅助性活动 | 0.05% | 0.07% | 装卸搬运和仓储业 | 0.19% | 0.13% |
| 农副食品加工业 | 0.05% | 0.13% | 资本市场服务 | 0.80% | 0.67% |
| 农业 | 0.06% | 0.03% | 租赁业 | 0.30% | 0.17% |
| 批发业 | 4.19% | 1.96% | | | |

资料来源：智联招聘、前程无忧。

## 二、人工智能岗位的招聘薪资和福利待遇变化

### （一）招聘薪资变化

2019—2023 年，人工智能岗位薪资显著增长。最低薪资从 0.64 万元 / 月上升至 1.28 万元 / 月，涨幅达到 100%，2022 年曾达到 1.45 万元 / 月（见图 2–2）。平均薪资从 0.81 万元 / 月增长至 1.64 万元 / 月，涨幅达到 102.47%，2022 年曾达到 1.78 万元 / 月（见图 2–3）。

同期，非人工智能岗位薪资涨幅相对较缓。最低薪资从 0.62 万元 / 月上涨到了 0.68 万元 / 月，上涨幅度为 9.68%；平均薪资从 2019 年的 0.79 万元 / 月上涨到了 2023 年的 0.87 万元 / 月，上涨幅度为 10.13%。

自 2021 年起，人工智能岗位薪资涨幅明显高于非人工智能岗位。这一现象可能由以下原因导致。第一，技术进步与人才需求增加。人工智能技术在各行业的广泛应用，使得企业对人工智能人才的需求持续增加，推动了薪资水平的上升。第二，人才竞争加剧。随着更多企业进军人工智能领域，高水平人才竞争日趋激烈，企业为吸引和留住人才，不得不提高薪资待遇。第三，岗位要求提升。人工智能的快速发展对从业人员的专业知识和技能要求不断提高，具有高学历和丰富经验的人才更受青睐，从而拉高了整体薪资水平。

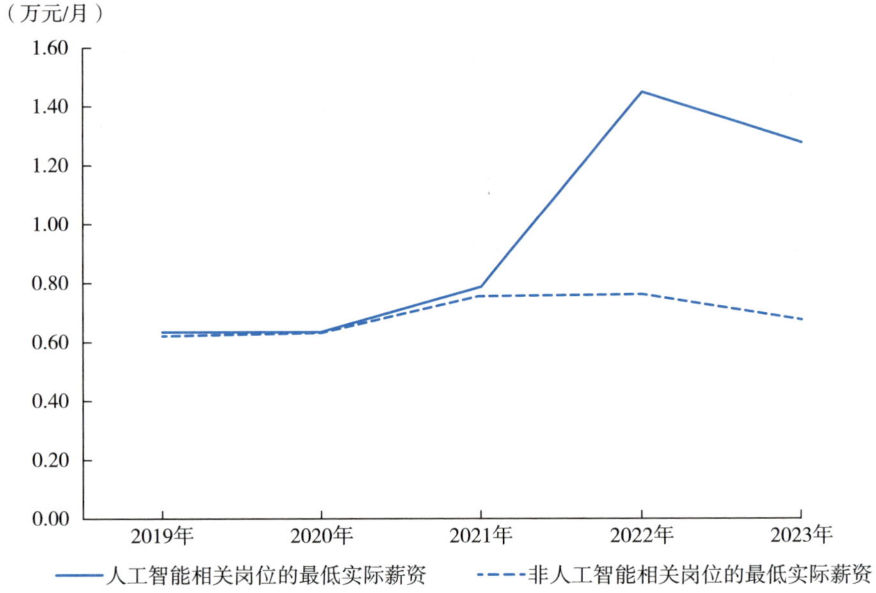


**图 2-2　2019—2023 年人工智能与非人工智能岗位的最低薪资**

资料来源：智联招聘、前程无忧。

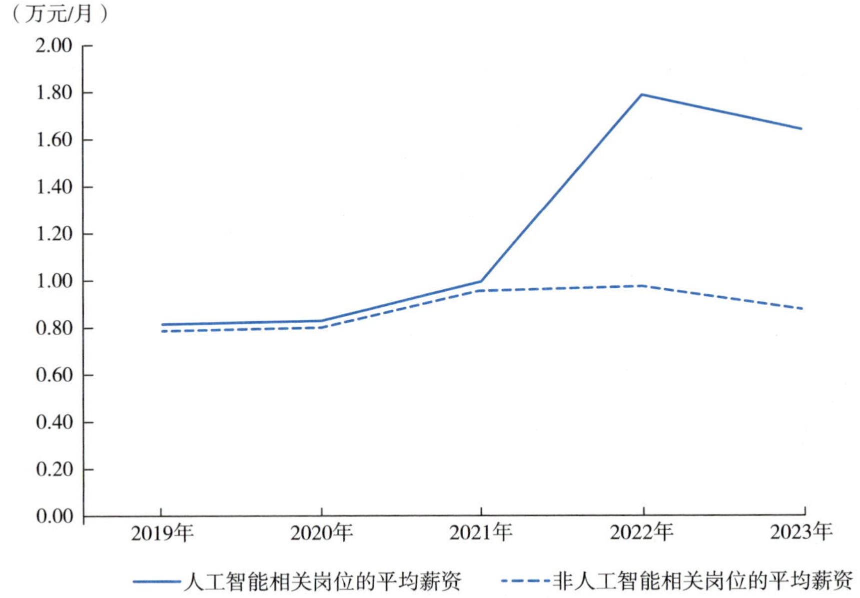


**图 2-3　2019—2023 年人工智能岗位与非人工智能岗位的平均薪资**

资料来源：智联招聘、前程无忧。

注：企业发布招聘信息时通常会提供薪资范围，最低薪资是指该范围的最小值，平均薪资是指该范围的平均值。此处的结果以 2019 年为基期，根据居民消费价格指数进行平减，展示的是实际工资的变化趋势。

## （二）招聘福利待遇变化

词云展示了 2019 年和 2023 年人工智能岗位和非人工智能岗位的福利待遇情况（见图 2–4、图 2–5）。词云中的每个词汇都代表了人工智能岗位相关的一项重要福利，词汇的大小反映了该福利的相对重要性。2019 年，人工智能岗位的福利待遇主要集中在基本保障和短期激励方面，如五险一金、绩效奖金和年终奖等，体现了企业对员工基本生活和工作表现的关注。随着人工智能的发展，2023 年的福利待遇结构发生了显著的变化，生活平衡和职业发展成为新的焦点。带薪年假、双休等福利凸显了企业对员工工作与生活平衡的重视。同时，培训和晋升机会的增加，反映出企业在技术快速迭代的环境下，致力于通过持续学习和清晰的职业发展路径，帮助员工提升技能，保持竞争力。福利待遇关注点的转变不仅回应了员工对生活质量的需求，也体现了在人工智能行业竞争加剧的背景下，企业通过优化福利体系来吸引和留住人才的策略。福利结构正从以短期激励为主向注重长期发展与提升就业质量的方向转变。

**图 2-4　2019 年人工智能岗位福利待遇词云**

资料来源：智联招聘、前程无忧。

**图 2-5　2023 年人工智能岗位福利待遇词云**

资料来源：智联招聘、前程无忧。

相比之下，非人工智能岗位在某些福利待遇上也有其独特的变化（见图 2–6、图 2–7）。虽然五险一金、绩效奖金和年终奖在非人工智能岗位中仍然频繁出现，但定期体检这类词语的出现频次有所提升，反映了劳动力市场人性化程度的提升和劳动者对健康的关注。此外，与人工智能岗位不同，非人工智能岗位福利待遇中培训的提及频次降低，技能培训的吸引力相对降低，这可能与这些岗位的职业稳定性和技术成熟度有关。

图 2-6　2019 年非人工智能岗位福利待遇词云

资料来源：智联招聘、前程无忧。

图 2-7　2023 年非人工智能岗位福利待遇词云

资料来源：智联招聘、前程无忧。

## 三、人工智能岗位的学历和工作经验需求变化

随着人工智能技术及其应用的深度和广度快速提升，企业对人工智能人才的学历要求也相应提高。人工智能岗位对学历的要求普遍高于非人工智能岗位，并且对高学历人才的需求增长更快（见图 2–8）。2019 年，人工智能岗位对大专及以下学历人才的需求占比比非人工智能岗位低 35.04 个百分点，而人工智能岗位对本科及以上学历人才的需求占比比非人工智能岗位高 35.04 个百分点。2023 年，这一差距进一步扩大，人工智能岗位对本科及以上学历人才的需求占比高出非人工智能岗位 39.88 个百分点。

企业对人工智能岗位人才学历要求的提高，可能与劳动者受教育程度普遍提升有关。2017—2020 年，研究生报名与录取人数大幅增长，其中 2017 年和 2020 年的录取增长率分别达 22.45% 和 22.09%①。劳动者学历的普遍提高使得企业能以相对较低的成本雇用更多高学历人才。更重要的原因可能在于大专与本科及以上人才在培养方式与理念上的差异。大专人才培养注重职业技能培训，课程设置更偏向于应用技术和实践操作，大专毕业生通常具备较强的实际操作能力和一定的专业知识，适合从事技术支持、应用开发等岗位。本科及以上人才培养侧重于理论知识和科研能力培养，培养方案包括更多的基础理论课程和科研项目。因此，随着人工智能技术的发展以及研究的不断深入，企业对相关专业知识与技能的要求日益提高，拥有本科及以上学历的劳动者更受企业的青睐。

① 数据来源于中国研究生招生信息网。

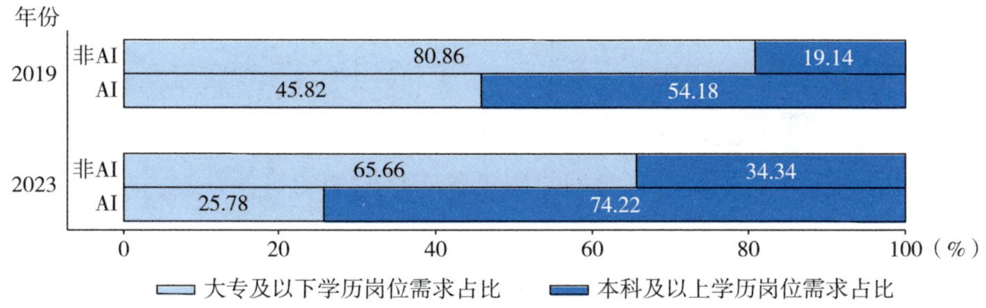


**图 2-8　2019 年和 2023 年 AI 岗位与非 AI 岗位对学历需求的变化**

资料来源：智联招聘、前程无忧。

除了学历，企业对人工智能人才的工作经验要求也在发生变化（见图 2-9）。人工智能岗位对工作经验的要求整体高于非人工智能岗位，但对工作经验需求的增长速度低于后者。2019 年，人工智能岗位对不限工作经验、无经验（包括在读学生）和 1 年及以上工作经验的人才需求分别为 6.98%、24.35% 和 68.67%；2023 年，这些需求分别变动 2.73 个、–14.70 个和 11.97 个百分点。2019 年，非人工智能岗位对不限工作经验、无经验（包括在读学生）和 1 年及以上工作经验的人才需求分别为 9.19%、35.56% 和 55.25%；2023 年，各项需求分别变动 4.31 个、–23.86 个和 19.55 个百分点。

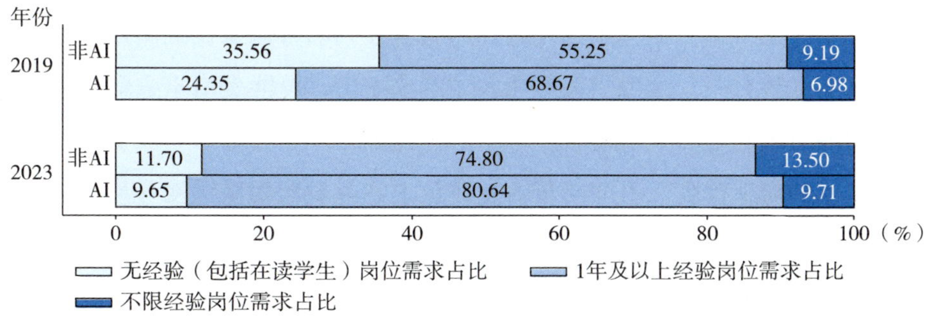


**图 2-9　2019 年和 2023 年 AI 岗位与非 AI 岗位对工作经验需求的变化**

资料来源：智联招聘、前程无忧。

人工智能岗位对员工工作经验的要求提高，体现了其对专业技能和实践经验的重视。人工智能岗位对员工工作经验需求增速相对较缓。这表明，在人工智能领域，虽然经验依然重要，但企业认识到新兴技术的发展可能带来技能需求的变化，因此对经验的要求相对稳定。

## 四、人工智能岗位的专业需求变化

随着人工智能技术的快速发展，不同岗位对专业人才的需求也呈现多样化特征。为深入了解这一需求，我们收集了各本科专业的培养方案，并结合智联招聘与前程无忧的职位描述，计算了本科专业培养方案与职位描述的文本相似度，我们取职业描述与某专业培养方案的文本相似度最高的专业，通过这种方法，我们确定了各人工智能岗位所对应的专业需求。

分析结果显示，人工智能岗位对计算机类、电子信息类、机械类、自动化类和统计学类专业人才需求量最大。可能的原因在于：计算机类专业在培养编程、算法开发和数据处理等核心技能方面具有优势；电子信息类专业为人工智能设备和通信基础设施提供了关键技术支持；机械类和自动化类专业推动了机器人和智能系统的研发，确保人工智能技术的实际应用；统计学类专业则为机器学习和数据分析提供理论基础，助力智能算法的优化。

此外，还有一些专业类别的人才需求变化幅度较大，如计算机类、外国语言文学类、设计学类、金融学类和建筑类（见表 2-4）。对计算机类专业人才的需求占比从 2019 年的 14.14% 下降到 2023 年的 12.06%。外国语言文学类专业人才需求的减少，可能与全球化进程的放缓和大语言模型在翻译方面的快速进步和突出优势有关。金融学类专业人才需求减少，可能是由于金融科技发展和人工智能应用的增加，引起就业市场对传统金融人才的需求有所下降。建筑类专业人才的需求减少，可能与建筑行业技术创新步伐相对缓慢有关。

**表 2-4　2019 年和 2023 年需求变化幅度较大的五类专业**

| 专业类别 | 2019 年占比 | 2023 年占比 | 占比变化 |
|---|---|---|---|
| 计算机类 | 14.14% | 12.06% | –2.08个百分点 |
| 外国语言文学类 | 3.60% | 3.14% | –0.46个百分点 |
| 设计学类 | 3.00% | 2.74% | –0.26个百分点 |
| 金融学类 | 1.89% | 1.66% | –0.23个百分点 |
| 建筑类 | 0.64% | 0.47% | –0.17个百分点 |

资料来源：智联招聘、前程无忧。

注：2019 年占比表示该专业需求量占 2019 年所有人工智能岗位的比例；2023 年占比表示该专业需求量占 2023 年所有人工智能岗位的比例。

人工智能领域的发展不仅需要专业人才具备深厚的计算机与软件开发能力，还依赖于电子信息、自动化控制、机械设计和数据分析等多个领域的专业支持。这种跨学科的需求不仅反映了人工智能技术在各行业中的广泛应用，也强调了复合型人才在推动行业发展中的关键作用。

## 五、人工智能岗位的技能需求变化

本书将需要借助特定软件或工具完成的技术操作称为“硬技能”（Deming & Kahn，2018），例如编程、使用特定行业软件以及操作复杂机械或设备的技能均属于“硬技能”的范畴。除专业技术要求的知识和能力以外，表达能力、沟通能力、团队合作能力等难以直接量化的能力被称为“软技能”（World Bank，2019；World Economic Forum，2023）。

为便于分析技能需求，本部分以词云的形式展示了 2019 年和 2023 年人工智能岗位的主要工作任务（见图 2–10、图 2–11）。“产品和软件设计”“数据收集”“研发”“信息挖掘”“机器学习”等词汇在两个年份的词云图中都占有重要地位，说明这些领域始终是应用人工智能相关技术的核心领域。2019—2023 年，人工智能岗位的工作任务中，“迭代”“研发”“建模”等词汇的出现频率显著增加，而“数据清洗”“识别”“编码”等词汇出现的频率有所减少。

图 2-10　2019 年人工智能岗位主要工作任务词云

资料来源：智联招聘、前程无忧。

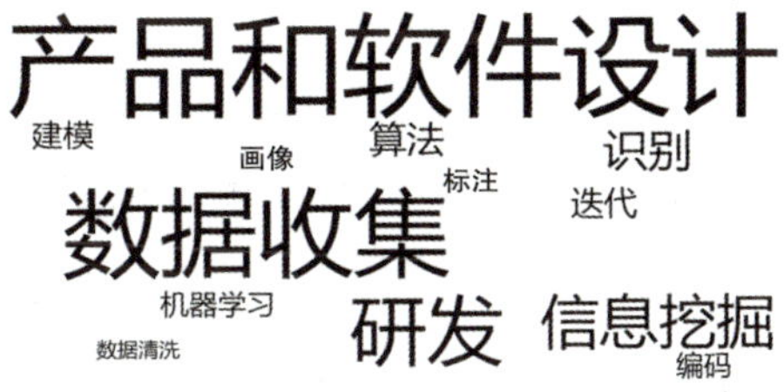


图 2-11　2023 年人工智能岗位主要工作任务词云

资料来源：智联招聘、前程无忧。

这一变化反映了人工智能的发展趋势，即越来越多低层次、重复性的数据处理任务被自动化工具所替代。随着人工智能技术的普及和成熟，开发者能够将更多精力集中在产品迭代、新技术研发及模型优化上，而无需过多关注底层编码的实现。与此同时，随着市场竞争的加剧和用户需求的变化，产品和服务的快速迭代优化已成为企业保持竞争力的关键。在人工智能相关领域，这意味着企业需要不断收集用户反馈，分析使用数据，迅速调整和优化产品功能和服务体验，以满足用户的多样化需求。总的来说，随着技术的进步和应用场景的扩展，人工智能岗位的任务将变得更加多样化和复杂化。

人工智能的发展改变了招聘岗位对劳动力技能的需求①。在硬技能方面，人工智能岗位对于C语言、CAD绘图软件（简称CAD）、Java、Linux操作系统（简称Linux）、SQL结构化查询语言（简称SQL）等核心软件和工具的人才需求持续处于高位。2019—2023年，C语言和Python编程语言（简称Python）等方面的人才需求显著增长，而Java、CAD和Linux的人才需求增长相对较缓（见图2–12）。值得注意的变化是Python相关人才需求的快速增长，这可能与其在数据科学、机器学习和人工智能领域的广泛应用密切相关。这些变化为现有或有意进入人工智能领域的专业人士提供了重要的指导。相比之下，非人工智能岗位更重视基础办公软件的使用。非人工智能岗位对Office、C语言、CAD等核心软件和工具的人才需求同样保持在较高水平。2019—2023年，对C语言、Office办公软件（简称Office）、Java、CAD和SQL的人才需求有所上升，对Photoshop图像处理软件（简称Photoshop）和Linux的人才需求则有所下降（见图2–13）。

进一步来看，不同的人工智能岗位对硬技能的具体需求存在差异。从2023年的数据来看，最注重C语言使用能力的岗位包括软件/互联网开发/系统集成、电子/电器/半导体/仪器仪表、技工/操作工等；最看重CAD使用能力的岗位包括机械设计/制造/维修、IT质量管理/测试/配置管理、汽车制造、土木/建筑/装修/市政工程等；最看重Python使用能力的岗位则集中在软件/互联网开发/系统集成、互联网产品/运营管理、咨询/顾问/调研/数据分析、机械设计/制造/维修等领域；最看重SQL使用能力的岗位主要分

① 技能需求的分析思路详见附录4和附录5。

布在软件 / 互联网开发 / 系统集成、互联网产品 / 运营管理、咨询 / 顾问 / 调研 / 数据分析等领域。

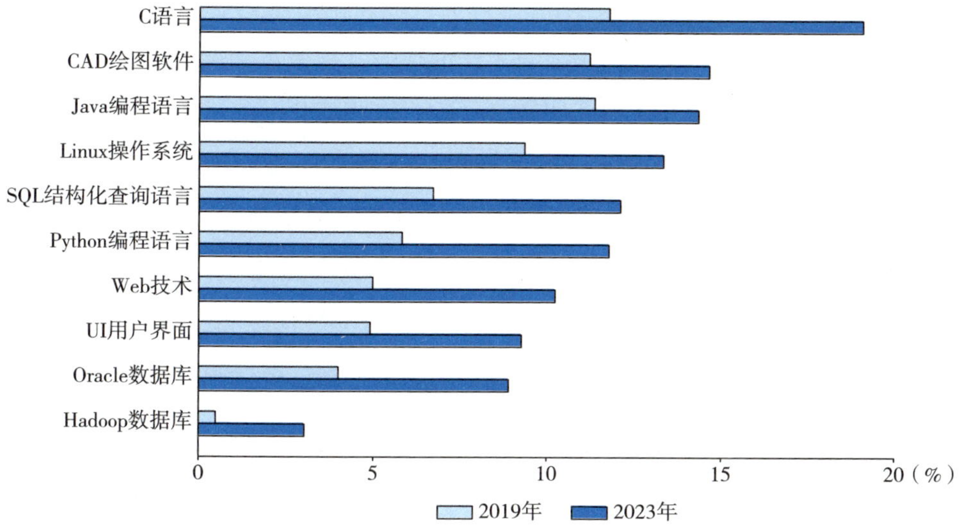


图 2-12　2019 年和 2023 年人工智能岗位的硬技能需求变化

资料来源：智联招聘、前程无忧。

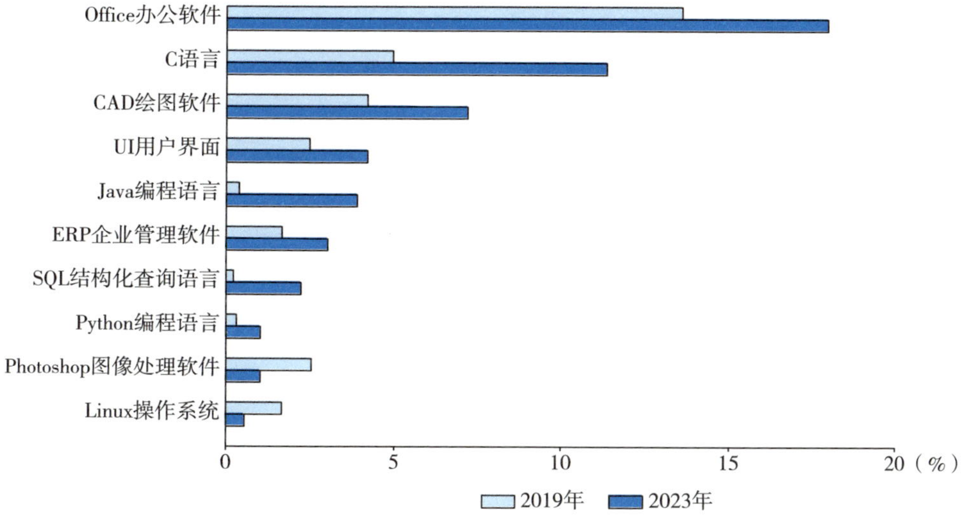


图 2-13　2019 年和 2023 年非人工智能岗位的硬技能需求变化

资料来源：智联招聘、前程无忧。

除了注重掌握特定软件和工具的操作方法等硬技能外，人工智能岗位也越来越重视沟通能力、解决问题能力、表达能力和抗压能力等软技能。2019—2023年，随着人工智能技术的发展，人工智能岗位对求职者的表达能力有了更高的要求，责任心、沟通能力、对工作的热爱、积极主动性等软技能在劳动力市场上的重要性也逐步上升（见图2-14）。这些变化反映了人工智能岗位对从业者综合素质要求的提升，不仅需要技术过硬，还要求具备良好的心理素质、适应能力和工作态度，以应对人工智能领域日益复杂和多变的工作挑战。相较于人工智能岗位，非人工智能岗位更加看重沟通能力。2019—2023年，非人工智能岗位对于沟通能力、积极性、吃苦耐劳等软技能的需求有所增加，而对热爱、亲和力和热情等非认知能力的需求则有所下降（见图2-15）。

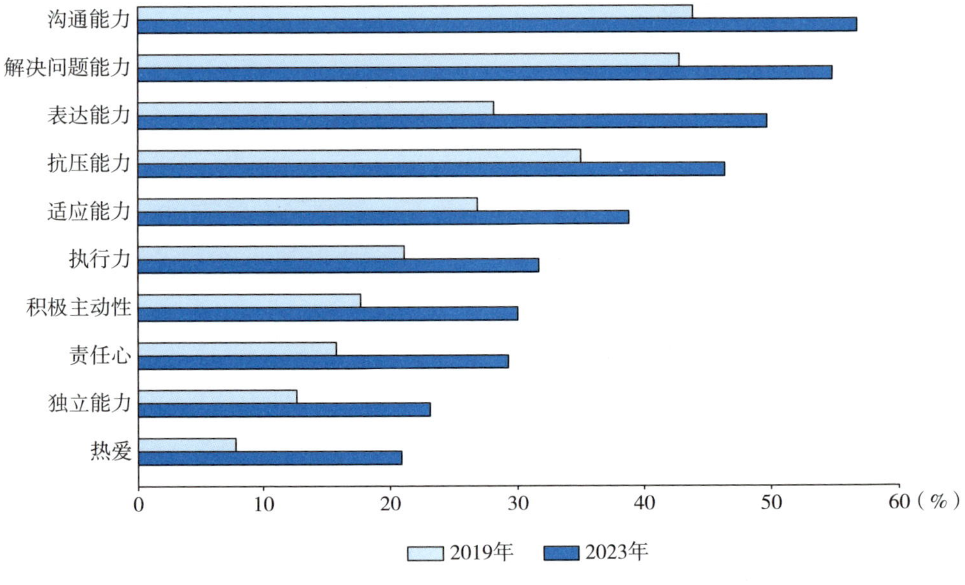


**图2-14　2019年和2023年人工智能岗位的软技能需求变化**

资料来源：智联招聘、前程无忧。

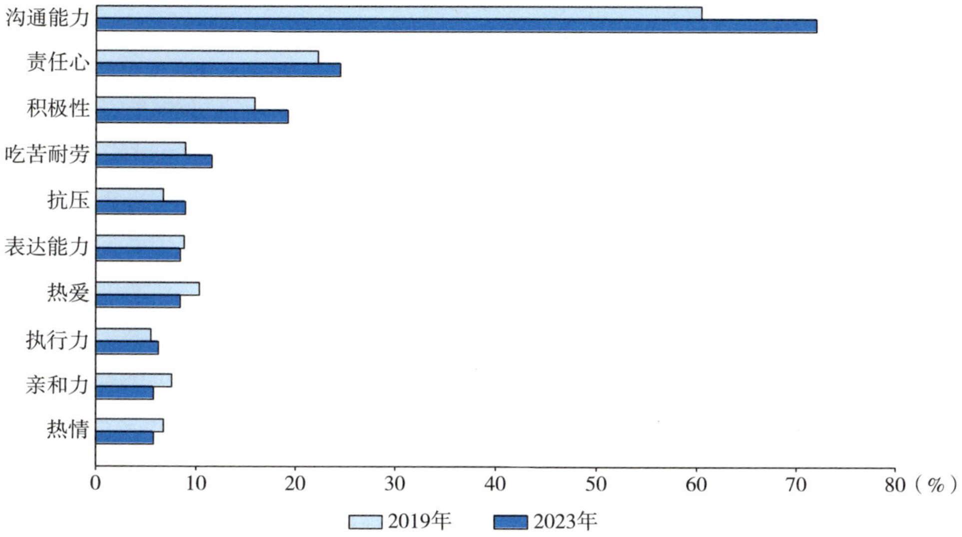


**图 2-15　2019 年和 2023 年非人工智能岗位的软技能需求变化**

资料来源：智联招聘、前程无忧。

进一步分析发现，不同人工智能岗位对软技能的需求也存在差异。分析 2023 年数据发现，最看重沟通能力的岗位包括采购 / 贸易、销售、财务 / 审计 / 税务、咨询 / 顾问 / 调研 / 数据分析等，最看重解决问题能力的岗位有电子 / 电器 / 半导体 / 仪器仪表、互联网产品 / 运营管理、软件 / 互联网开发 / 系统集成、服装 / 纺织 / 皮革设计 / 生产等，最看重表达能力的岗位有律师 / 法务 / 合规、房地产开发 / 经纪 / 中介、咨询 / 顾问 / 调研 / 数据分析、销售等。自动化与人工智能不能取代的能力所产生的溢价正在持续攀升（World Bank，2019），拥有这些软技能的劳动者将在未来的劳动力市场中具有更强的竞争力。

# 第二节　受人工智能影响的岗位招聘需求变化趋势

人工智能对劳动力市场已产生广泛影响，对各类岗位的需求也随之发生变化。2024 年 5 月，麦肯锡全球研究所（MGI）发布的一份报告指出，人工智能对科技人才、健康助理、技术人员和健康工作者保持较高需求，对餐饮服务、生产工作、客户服务、销售和后勤工作者的需求持续下降（Hazan et al.，2024）。

为了进一步探究人工智能对不同岗位需求的影响，本节通过比较相同岗位在人工智能企业与非人工智能企业的薪资差异来划分职业是受人工智能的积极影响还是消极影响。例如，如果同一岗位在人工智能企业的薪资待遇更高，则表明该岗位受到人工智能的积极影响。最终，我们确定了受人工智能积极影响和消极影响的各 5 类岗位（见附录 6）。研究发现，受人工智能积极影响的岗位主要集中在互联网与电子工程类岗位（互联网产品 / 运营管理、软件 / 互联网开发 / 系统集成、电子 / 电器 / 半导体 / 仪器仪表等），受人工智能消极影响的岗位主要集中在白领和知识型岗位（翻译、行政 / 后勤 / 文秘、物业管理、证券 / 期货 / 投资管理 / 服务等）。

## 一、受人工智能影响岗位的需求占比变化

受人工智能积极影响岗位的人才需求占比高于受人工智能消极影响岗位的人才需求占比（见图 2–16）[①]。受人工智能积极影响岗位的人才需求占比由

① 受人工智能积极影响岗位的人才需求占比 = 受人工智能积极影响岗位的人才需求量 /（受人工智能积极影响岗位的人才需求量 + 受人工智能消极影响岗位的人才需求量）。

2019 年的 61.29% 上升至 2023 年的 70.85%。其中，软件 / 互联网开发 / 系统集成人员的需求占比最高，5 年平均值为 39.61%；汽车制造人员的需求占比最低，5 年平均值为 0.57%。受人工智能消极影响的岗位人才需求占比由 2019 年的 38.70% 下降至 2023 年的 29.15%。其中，保险人员的需求占比最高，5 年平均值为 12.81%；翻译人员的需求占比最低，5 年平均值为 0.78%。

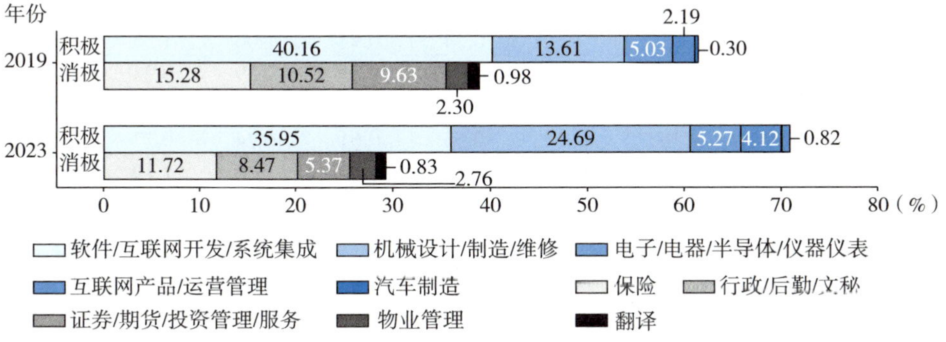


**图 2-16　2019 年和 2023 年受人工智能不同影响的岗位人才需求占比变化**

资料来源：智联招聘、前程无忧。

## 二、受人工智能影响岗位的薪资和福利待遇变化

受人工智能积极影响的岗位薪资水平高于受人工智能消极影响的岗位薪资水平（见表 2–5）。平均来看，受人工智能积极影响岗位的薪资水平由 2019 年的 0.91 万元 / 月上升至 2023 年的 1.59 万元 / 月。其中，电子 / 电器 / 半导体 / 仪器仪表岗位人员的薪资最高，由 2019 年的 1.07 万元 / 月上升至 2023 年的 1.84 万元 / 月，5 年平均值为 1.42 万元 / 月；汽车制造岗位人员的平均薪资最低，由 2019 年的 0.73 万元 / 月上升至 2023 年的 1.47 万元 / 月，5 年平均值为 1.08 万元 / 月。受人工智能消极影响的岗位平均薪资由 2019 年的 0.81 万元 / 月上升至 2023 年的 1.27 万元 / 月。其中，证券 / 期货 / 投资管理 / 服务岗位人员的薪资最高，由 2019 年的 1.22 万元 / 月上升至 2023 年的 1.90 万元 / 月，5 年平均值为 1.55 万元 / 月；行政 / 后勤 / 文秘岗位人员的平均薪资最低，由 2019 年的 0.56 万元 / 月上升至 2023 年的 0.76 万元 / 月，5 年平均值为 0.68 万元 / 月。

表 2-5　2019—2023 年受人工智能积极和消极影响岗位的平均薪资变化　单位：万元 / 月

| 岗位 | 2019 年 | 2020 年 | 2021 年 | 2022 年 | 2023 年 |
|---|---|---|---|---|---|
| 电子/电器/半导体/仪器仪表 | 1.07 | 1.15 | 1.34 | 1.68 | 1.84 |
| 软件/互联网开发/系统集成 | 1.06 | 1.16 | 1.39 | 1.69 | 1.67 |
| 机械设计/制造/维修 | 0.85 | 0.91 | 1.12 | 1.48 | 1.49 |
| 互联网产品/运营管理 | 0.82 | 0.89 | 1.16 | 1.48 | 1.50 |
| 汽车制造 | 0.73 | 0.75 | 0.88 | 1.54 | 1.47 |
| **受积极影响的部分岗位平均薪资合计** | 0.91 | 0.97 | 1.18 | 1.57 | 1.59 |
| 证券/期货/投资管理/服务 | 1.22 | 1.30 | 1.39 | 1.67 | 1.90 |
| 保险 | 0.84 | 0.93 | 1.06 | 1.56 | 1.60 |
| 翻译 | 0.74 | 0.75 | 0.89 | 0.93 | 0.89 |
| 物业管理 | 0.67 | 0.78 | 0.92 | 1.06 | 1.21 |
| 行政/后勤/文秘 | 0.56 | 0.61 | 0.74 | 0.73 | 0.76 |
| **受消极影响的部分岗位平均薪资合计** | 0.81 | 0.87 | 1.00 | 1.19 | 1.27 |

资料来源：智联招聘、前程无忧。

注：电子 / 电器 / 半导体 / 仪器仪表、软件 / 互联网开发 / 系统集成、机械设计 / 制造 / 维修、互联网产品 / 运营管理、汽车制造为受积极影响的部分岗位，证券 / 期货 / 投资管理 / 服务、保险、翻译、物业管理、行政 / 后勤 / 文秘为受消极影响的部分岗位。

使用各个岗位描述中提到的五险一金、双休、带薪年假、年终奖、弹性工作、旅游绩效、奖金、通信补贴等词汇出现频次之和占比，分析 2019—2023 年受人工智能积极和消极影响岗位的福利待遇变化（见图 2–17）。

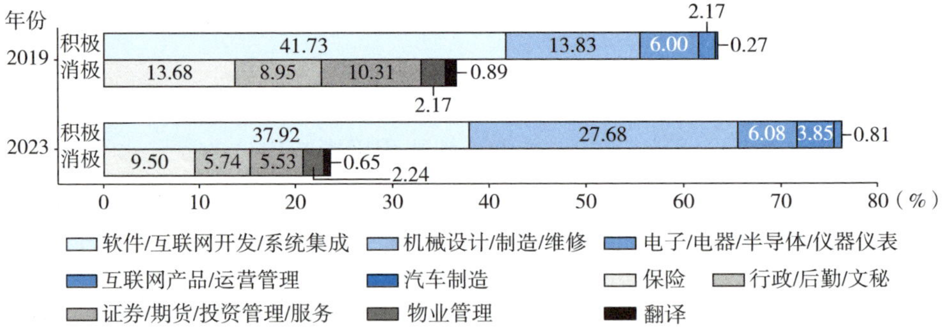


图 2-17　2019 年和 2023 年受人工智能不同影响的岗位福利词频占比变化

资料来源：智联招聘、前程无忧。

研究发现，受人工智能积极影响岗位的福利待遇比受人工智能消极影响的岗位更高。平均而言，受人工智能积极影响岗位的招聘需求中提到的福利词频占比由 2019 年的 63.99% 上升至 2023 年的 76.33%。其中，软件 / 互联网开发 / 系统集成岗位人员福利词频占比最高，5 年平均值为 41.28%；汽车制造岗位人员福利词频占比最低，5 年平均值为 0.53%。受人工智能消极影响岗位的招聘需求中提到的福利词频占比由2019年的36.01%下降至2023年的23.67%。其中，保险岗位人员最高，5年平均值为9.69%；翻译岗位人员最低，5年平均值为0.92%。

## 三、受人工智能影响岗位的学历和工作经验需求变化

受人工智能积极影响的岗位对员工的学历要求比受人工智能消极影响的岗位更高（见图2–18）。2019—2023年，受人工智能积极影响的岗位对拥有本科及以上学历人才的需求占比由38.01%上升至49.33%，均高于受人工智能消极影响的岗位，反映出受人工智能积极影响岗位对高学历人才的更大需求。受人工智能积极影响岗位内部的学历要求变化见附录7。

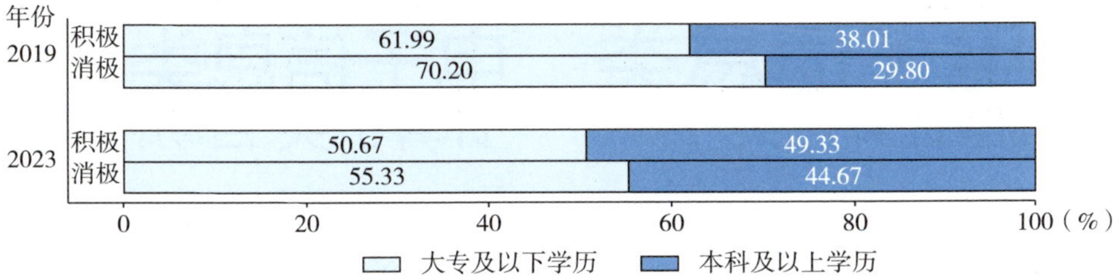


图2-18 2019年和2023年受人工智能不同影响的岗位学历需求变化

资料来源：智联招聘、前程无忧。

受人工智能积极影响的岗位，对拥有1年及以上工作经验人员的需求比受人工智能消极影响的岗位更高（见图2–19）。2019—2023年，受人工智能积极影响的岗位对拥有1年及以上工作经验人员的需求占比由53.90%上升至69.81%，均高于受人工智能消极影响的岗位。这反映出受人工智能积极影响的岗位对员工工作经验的更大需求。受人工智能积极影响岗位内部的工作经验要求变化见附录8。

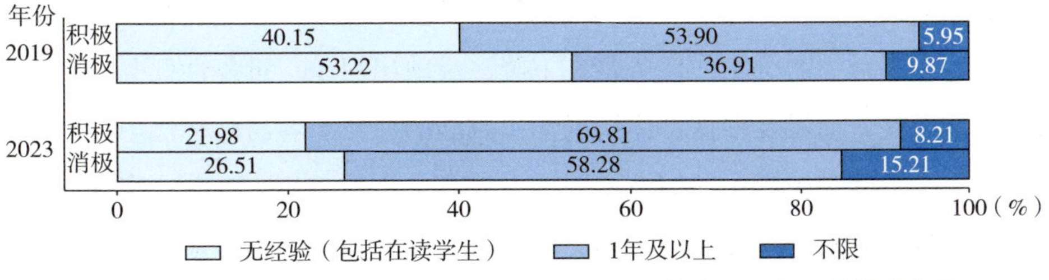


图2-19 2019年和2023年受人工智能不同影响的岗位工作经验需求变化

资料来源：智联招聘、前程无忧。

## 四、受人工智能影响岗位的专业需求变化

受人工智能积极影响的岗位对机器类、电子信息类和计算机类专业人才需求较高（见图 2–20、图 2–21）。2019—2023 年，除机器类专业需求占比增长了 0.71 个百分点外，电子信息类和计算机类专业的需求占比分别降低了 1.41 个百分点和 1.94 个百分点。可能的原因在于：随着人工智能技术的日趋成熟和基础设施的不断完善，许多需要专业人员进行手动操作的常规任务被生成式人工智能所替代，这降低了企业对传统电子信息和计算机专业人才的需求。

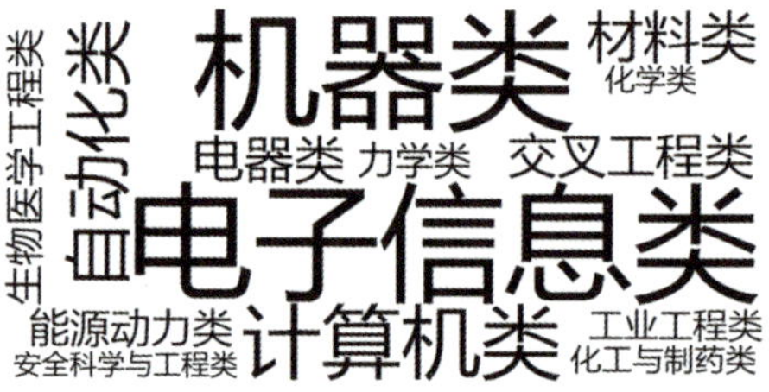


**图 2-20　2019 年受人工智能积极影响的部分岗位专业需求词云**

资料来源：智联招聘、前程无忧。

**图 2-21　2023 年受人工智能积极影响的部分岗位专业需求词云**

资料来源：智联招聘、前程无忧。

## 五、受人工智能影响岗位的技能需求变化

### （一）主要工作任务的变化

受人工智能积极影响的岗位主要需要劳动者从事维护、调试、编程、软件开发、制造等工作任务（见图 2–22、图 2–23）。2019—2023 年，受人工智能积极影响的岗位制造、焊接、维修等工作任务量在增加，编程、软件开发、维护、调试、自动控制等工作任务量在下降，反映出简单、重复性任务正逐渐被人工智能替代，而需要根据具体情况作出判断的任务不容易被替代。

受人工智能消极影响的岗位主要涉及销售、资料分析、财务、咨询、审核及接待等领域。2019—2023 年，相关岗位所涉及的各项任务需求普遍呈现下降趋势，其中销售、资料分析、咨询、财务及接待等任务量减少幅度尤为显著。

图 2-22　2019 年受人工智能积极影响岗位的主要工作任务词云

资料来源：智联招聘、前程无忧。

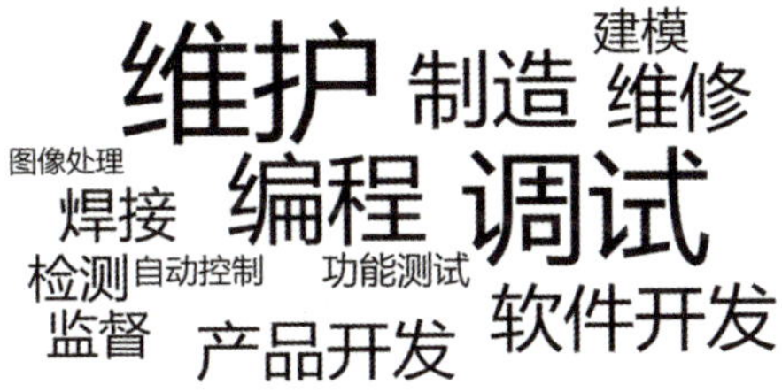


图 2-23　2023 年受人工智能积极影响岗位的主要工作任务词云

资料来源：智联招聘、前程无忧。

## （二）硬技能需求的变化

受人工智能积极影响的岗位对于精通 Java、Linux、SQL 等软件和工具的人员需求较高（见图 2-24）。2019—2023 年，用人单位对精通 Java、Linux、SQL、可编程逻辑控制器（PLC）、Oracle、Web、印刷电路板设计（PCB）、Python 和 Hadoop 等软件和工具的人员需求占比在增长，对精通 CAD 的人员需求的占比在下降。

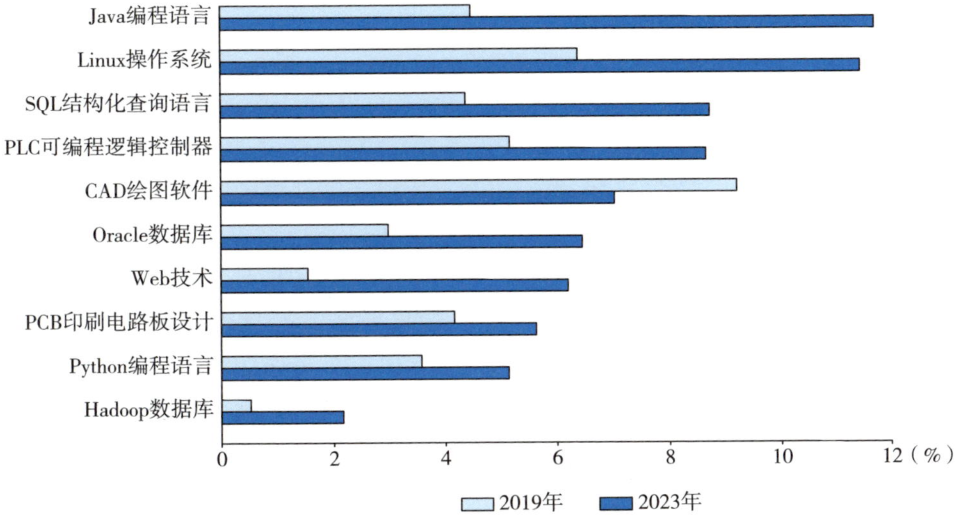


图 2-24　2019 年和 2023 年受人工智能积极影响的岗位硬技能需求变化

资料来源：智联招聘、前程无忧。

受人工智能消极影响的岗位往往对精通传统办公软件（例如 WPS）、底层编程语言（例如C语言）和专业资格证书（例如CFA）的人员需求占比更高。2019—2023年，用人单位对精通C语言和持有特许金融分析师（CFA）证书、国际金融理财师（CFP）证书的人员需求占比在增加（见图2-25）。这表明，随着人工智能技术的不断发展，对于那些可能受到人工智能消极影响的岗位员工来说，拥有这些特定技能或证书在保持职业竞争力方面变得更加重要。

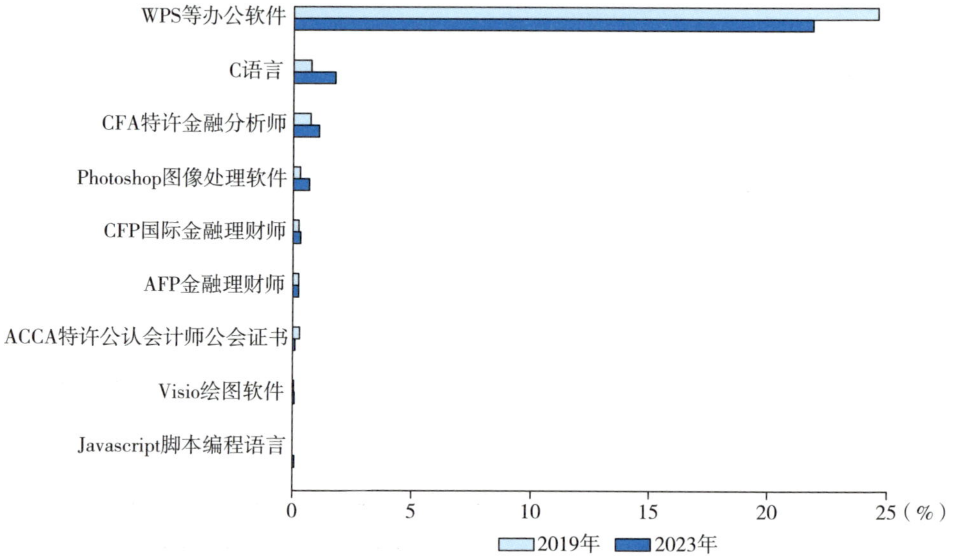


**图2-25　2019年和2023年受人工智能消极影响岗位的硬技能需求变化**

资料来源：智联招聘、前程无忧。

## （三）软技能需求的变化

受人工智能积极影响的岗位对沟通、解决问题和执行力等软技能的需求占比较高（见图2-26）。2019—2023年，用人单位对掌握沟通、协作、逻辑思维等软技能的用人需求占比在上升，对掌握解决问题、执行力等软技能的用人需求占比在下降。受人工智能消极影响的岗位同样重视员工所具备的软技能。2019—2023年，用人单位对掌握沟通、热情、积极性等软技能的用人需求占比在上升，表明软技能已越来越成为职场中不可或缺的重要素质（见图2-27）。

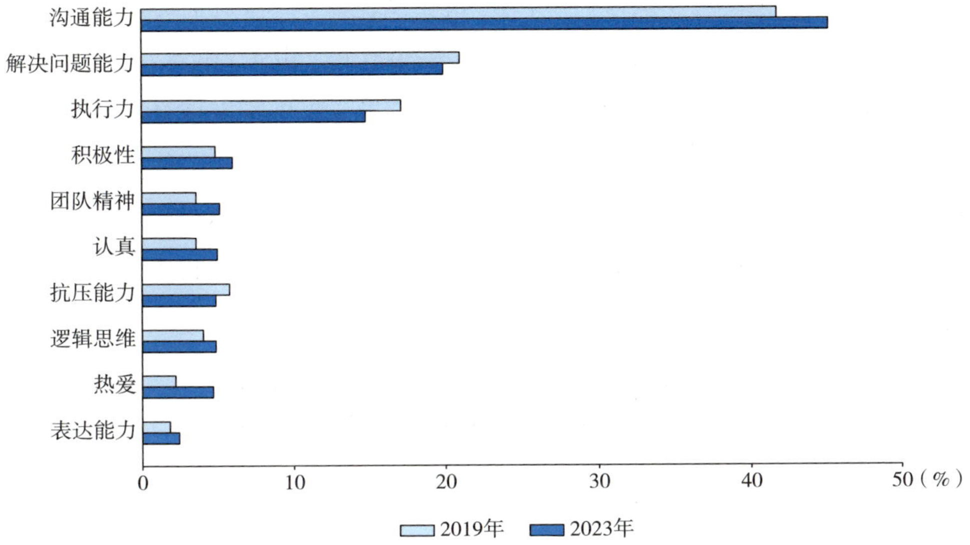


图 2-26　2019 年和 2023 年受人工智能积极影响的岗位软技能需求变化

资料来源：智联招聘、前程无忧。

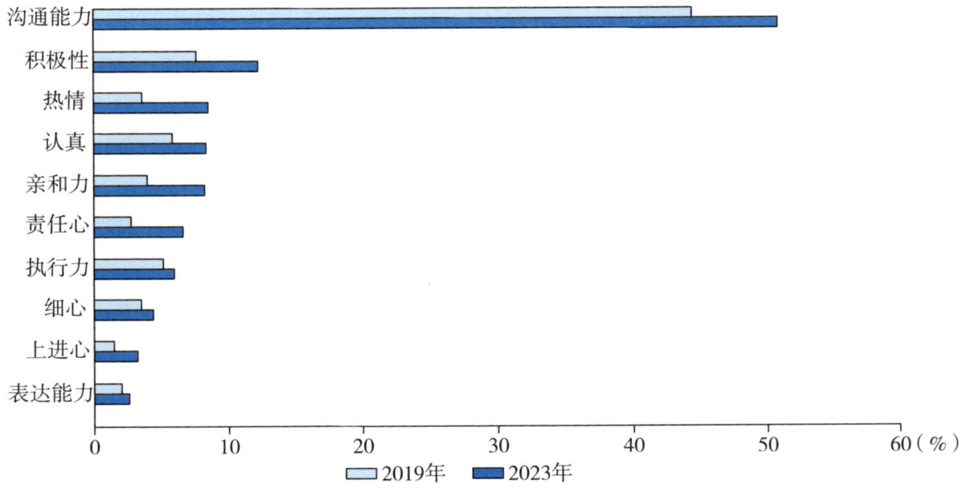


图 2-27　2019 年和 2023 年受人工智能消极影响的岗位软技能需求变化

资料来源：智联招聘、前程无忧。

## （四）同一岗位的技能需求变化

同一岗位（如电子 / 电器 / 半导体 / 仪器仪表类）所需员工具备的技能也在发生变化（见图 2-28、图 2-29）[①]。2019—2023 年，电子 / 电器 / 半导体 / 仪器仪表类岗位对 PCB、原理图设计和高级精简指令集机器（ARM）等硬技能需求占比在增加，对沟通、解决问题、责任心和持续学习能力等软技能的需求占比在增加。用人单位要求劳动者精通从分析到制造再到后期维护等一系列专业工具与软件，同时也要求劳动者具备与人沟通、解决问题等软技能，反映出企业越来越需要综合素质人才。

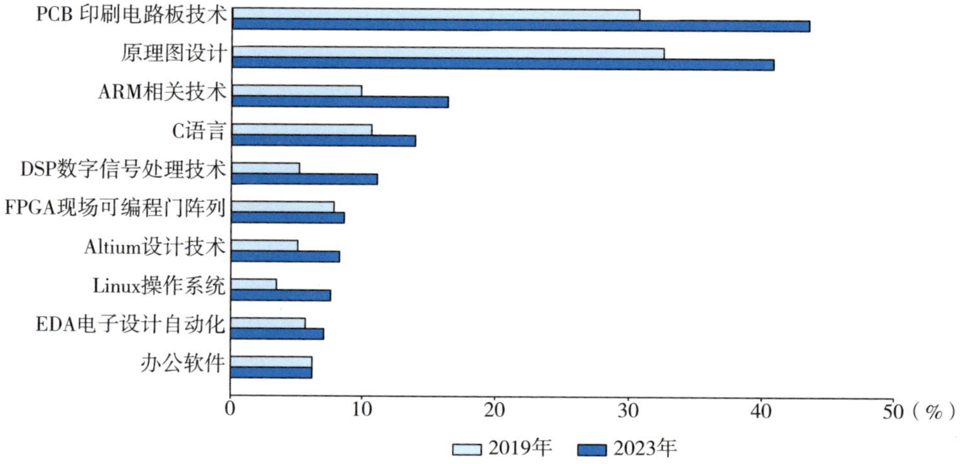


**图 2-28　2019 年和 2023 年电子 / 电器 / 半导体 / 仪器仪表类岗位的硬技能需求变化**

资料来源：智联招聘、前程无忧。

① 此处主要分析受人工智能积极影响的电子 / 电器 / 半导体 / 仪器仪表岗位，其余部分岗位的技能需求变化趋势详见附录 9。

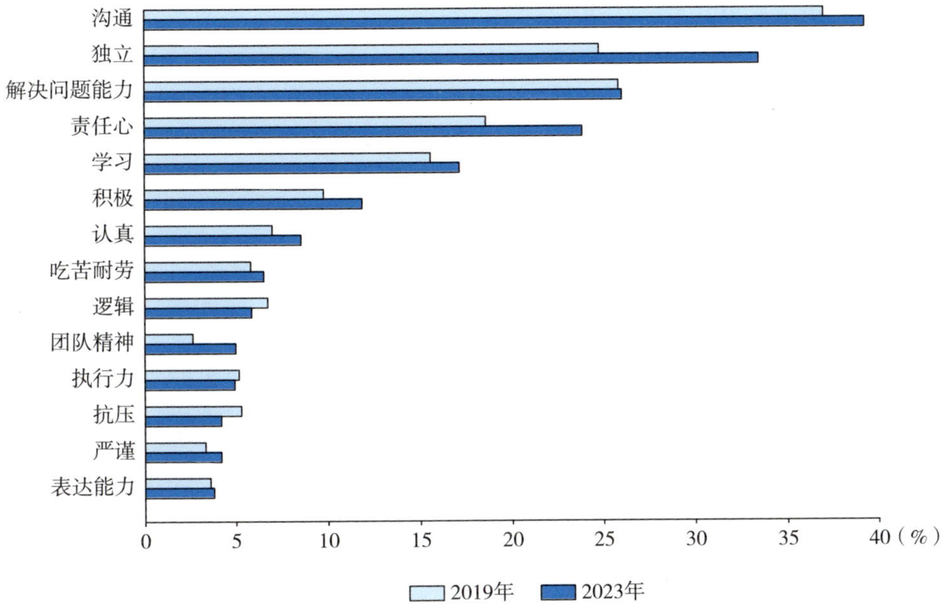


**图 2-29　2019 年和 2023 年电子 / 电器 / 半导体 / 仪器仪表类岗位的软技能需求变化**

资料来源：智联招聘、前程无忧。

需注意的是，本小节的结论均是基于岗位层面的分析，关于同一岗位内部学历、工作经验、技能等方面的需求变化情况，详见附录 7 至附录 9。关于同一岗位在不同行业中学历、工作经验、技能需求等方面的差异，详见附录 10。

## 第三节 案例分析[①]

工业质检，即工业质量检验，是工业生产中确保产品质量的重要环节。通过对产品的外观、性能、尺寸等多方面的检验，质检能够保证产品符合设计要求和市场标准，是维护企业信誉和客户满意度的关键步骤。

在传统工业生产中，质检通常依赖人工进行，质检员通过肉眼观察和已有经验判断产品是否存在缺陷。这种模式要求质检员具备高度集中的注意力和丰富的经验，但在长时间工作后，质检员的疲劳感增加和注意力下降会导致漏检或误判。质检员每天需要长时间盯着高速运转的生产线，重复单调地进行视觉判断。这种持续高强度的工作容易导致视力损伤、精神疲劳，甚至引发长期的职业病。此外，由于质检工作枯燥且压力大，员工流动性高，企业面临着招工难、培训周期长以及高离职率等问题，进一步增加了劳动力成本。

随着人工智能技术的迅速发展，人工智能（AI）辅助质检逐渐成为解决传统质检模式弊端的重要手段。工业 AI 质检主要依赖于深度学习和计算机视觉对大量数据进行训练，使机器能够模拟人类视觉，处理容易提取、容易量化的特征，自动识别产品表面的缺陷并进行分类。这一技术突破不仅提高了质检的效率和准确性，还减少了对人工质检的依赖，从而降低了企业的人力成本和劳动者的健康风险。工业 AI 质检不仅能够对产品的外观进行 24 小时不间断的高精度检测，避免了人眼的疲劳和误差，而且其使用的深度学习算法能够不断优化质检模型，适应不同的检测环境和产品特性。这种基于 AI 的质检方式具有高度的柔性和可扩展性，能够在各种复杂的生产环境中实现高效的质量控制，

① 资料来源：作者根据美云智数网站相关资料整理。

不断提高检测效率和准确性。

作为中国大型制造企业之一，美的集团的工业AI质检解决方案依托其自主研发的AI云平台——美云智数，通过质量规划、质量标准、质量保证、质量改进四大核心模块，实现对材料品质、制程品质、成品品质的检测与改善。通过部署优化的深度学习训练模型和预测模型，该平台不仅能够自动检测产品缺陷，还能实时进行数据分析和模型训练，有效克服了普通AI质检平台受非标准的视觉应用场景影响较大的问题。工业AI质检技术在美的智能工厂的普及与应用，减少了大量重复性和单调的工作任务，减轻了员工的工作负担，减少了对员工视力和身体健康的影响。此外，该平台还推动了劳动力市场的技能升级，员工需要掌握新的技术以适应智能化的工作环境，这使得员工能够进入更多技术型岗位，从而提升整体技能水平。但同时也降低了对低技能劳动力的依赖，减少了对传统人工质检员的需求，导致传统质检岗位的减少。尽管如此，AI质检需求的不断提高也需要大量的技术人员来维护和优化AI系统，对于高技能技术人才的需求显著增加，如AI算法工程师、计算机视觉工程师、数据科学家等。Wind数据库显示，从2020年至2023年，美的集团的生产员工占比从82.42%降低至77.56%，技术员工占比从10.89%上升至11.70%。

总的来说，工业AI质检技术的普及不仅改变了企业的生产流程，也在深刻地影响着劳动力市场的结构和需求。虽然在一定程度上减少了部分传统岗位，但它为高技能人才创造了新的就业机会，同时推动了员工的技能升级和职业转型。

# 本章小结

本章从岗位招聘需求占比、薪资待遇、所需学历、工作经验以及技能要求等方面深入分析了人工智能对企业招聘需求的具体影响。通过分析智联招聘和前程无忧2019年1月至2023年12月的企业招聘数据，我们界定了人工智能岗位以及受人工智能影响的岗位。在此基础上，我们分析和比较了这些岗位在招聘需求占比、薪资待遇、学历要求、工作经验要求和技能要求等方面的变化和差异，揭示了人工智能技术对劳动力市场的多维度影响。

首先，随着人工智能技术的持续发展和广泛应用，企业对人工智能岗位的学历和工作经验要求呈现逐年提高的趋势，且相应的薪资待遇也不断上升。除专业技术要求的知识和能力如编程语言、操作软件外，人工智能岗位对于表达能力、沟通能力、解决问题能力等软技能的需求也在持续增加。

其次，人工智能技术对劳动力市场的影响并非一刀切，而是具有显著的岗位异质性。具体来说，人工智能对互联网与电子工程类岗位具有明显的积极影响，但对部分白领和知识型岗位则产生了消极影响。受人工智能积极影响的岗位不仅需求占比和薪资待遇更高，同时对学历和工作经验的要求也更为严格。从所需技能方面来看，受人工智能积极影响的岗位对于Java、Linux、Web等软件和工具的应用需求增长相对较快，受人工智能消极影响的岗位对于C语言、特许金融分析师（CFA）等工具和证书的应用需求增长相对较快。从所需软技能方面来看，无论是受人工智能积极影响还是受消极影响的岗位，对于沟通能力、积极性的需求增长都相对较快，不过受人工智能积极影响的岗位还越发重视热爱、团队精神，而受消极影响的岗位越发看重热情、亲和力。

最后，即使是一个特定的岗位，随着人工智能的发展，从事该项工作所需学历、工作经验、技能也在发生变化。例如，在电子、电气、半导体、仪器仪表等高科技领域，良好的沟通能力、解决问题能力、责任心以及学习能力等软技能的重要性愈发显著，掌握 Altium Designer、PCB 绘图软件及 FPGA 设计工具等专业技能已成为对从业者不可或缺的基本要求，而学历与工作经验的门槛也在逐步提升。面对未来，持续学习、紧跟技术前沿、提升软硬技能将成为每一位人工智能从业者提升竞争力的基本途径。

# 第三章　人工智能相关人力资本供给分析

## 关键发现

- 计算机专业扩张：2017年以来，中国新增计算机类本科专业的院校数量约为美国新增计算机类本科专业院校数量的五倍，且中国新增院校主要是“双非”院校。
- 人工智能招生规模：人工智能相关专业的本科招生规模和占比逐年增加，“双非”院校是此类专业扩招的主要力量。部分地区的专科院校响应市场需求的速度更快，相关专业的招生人数年均增长率较高；研究生的招生人数则保持稳定。
- 人工智能专业结构：人工智能本科人才培养仍依托于计算机专业，但新兴学科正快速发展。计算机专业专科招生规模缩小，大数据技术专业迅速崛起，成为招生人数的主要增长点。本科和专科的人工智能人才培养存在不同程度的供需结构错配，主要表现为某些新兴领域人才需求快速增长与相应人才供给滞后之间的矛盾。
- 人工智能人才培养：劳动力市场对人工智能人才的需求正逐渐从基础型人才转向复合型人才，“人工智能 +X”将成为新的人才培养方向。

# 第一节　人工智能专业人才培养与专业层级构建

人工智能的发展和应用是一项复杂的系统性工程，需要基础理论、应用开发、跨界融合等多层次的人才。亿欧智库（2020）将人工智能专业人才细分为源头创新人才、产业研发人才、应用开发人才和实用技能人才。此种分类方式与2022年百度联合浙江大学中国科教战略研究院发布的《中国人工智能人才培养白皮书》（以下简称《白皮书》）一致。百度根据人工智能人才属性将专业人才划分为基础研究人才和场景应用人才两大类（见图3–1）。基础研究人才主要致力于基础科学研究和前沿技术开发，可分为算法设计与开发人才和算法应用人才。场景应用人才主要为人工智能产业应用发展和实践技能发展作出贡献，可分为方案开发人才和方案应用人才。《白皮书》认为基础研究人才以高校培养为主，高校的学科资源和专业资源在人工智能人才培养中发挥着关键作用；场景应用人才以企业培训为主，企业为员工提供技能培训，使其快速掌握具体业务场景中的实用技能。

我国高校的人工智能学科建设与人才培养经历了三个发展阶段（莫荣等，2022）（见图3–1）。第一阶段是20世纪80年代至21世纪初的探索时期。这一时期部分高校纷纷筹建人工智能研究机构，其中，清华大学“计算机应用技术”专业率先开展人工智能方向的本科教学，揭开了我国自主培养人工智能高层次人才的序幕。第二阶段是21世纪初至2017年的起步时期。其间，北京大学建立了第一个面向人工智能研究方向的本科专业“智能科学与技术”，属计算机专业类，这一专业的培养目标与人工智能的含义最为接近。但此时，人工智能尚未形成独立的课程体系，其关键技术的培养集中在计算应用技术、软件工程、电子通信工程等一级学科（专业）之上。第三阶段是 2018 年至今的规模扩张时期。2018 年，根据《教育部关于公布 2018 年度普通高等学校本科专业备案和审批结果的通知》，人工智能专业被列入新增审批本科专业名单，属电子信息类。随后，部分学校正式开展人工智能专业人才培养，人工智能领域的高等教育受到越来越多关注，但目前仍需借助计算机、自动化、电子信息等一级学科（专业）授予学位。

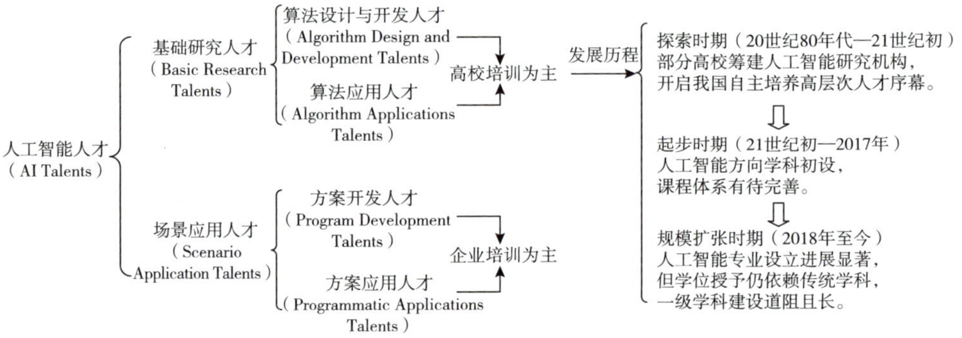


图 3-1 人工智能专业人才培养及发展历程

综上所述，人工智能人才培养与学科建设经历了一个较长的发展过程，但尚未形成独立的课程体系，仍要依托于计算机等一级学科（专业）。为展示人工智能不同层级专业人才的培养态势，本书基于学科发展历程，按由窄至宽的口径计算人才供给。人工智能人才培养的核心层级为计算机类专业，记为第一层级。早期人工智能领域人才培养依托于“计算机应用技术”，人工智能研究是计算机科学的一个分支和应用领域。斯坦福大学发布的 *Artificial Intelligence Index Report 2024* 采用计算机科学（Computer Science）专业的人才培养数据分析美国人工智能教育培养情况。此外，《中国人工智能人才发展报告（2022）》也指出，计算机科学与技术专业为中国提供的人工智能人才最多。麦可思研究院等（2024）认为当前新设的人工智能专业尚未形成大规模人才供给，传统的计算机科学与技术、电子信息等专业的人才仍是支持人工智能产业发展的主要力量。与此同时，《中国人工智能人才培养白皮书》进一步强调：在中国高等院校开设的学科专业中，培养人工智能技术人才的主要专业

（方向）包括计算机科学和电子信息工程。因此，本书将计算机类和电子信息类专业纳入第二层级。随着人工智能学科建设的推进，清华大学中国科技政治研究中心（2018）指出：人工智能的知识体系涉及计算机、电子信息工程、自动化、数学、统计学以及神经科学等各个学科，据此，我们选择计算机、电子信息、自动化、数学以及统计学专业，构成人工智能领域的第三层级（见图 3–2）。

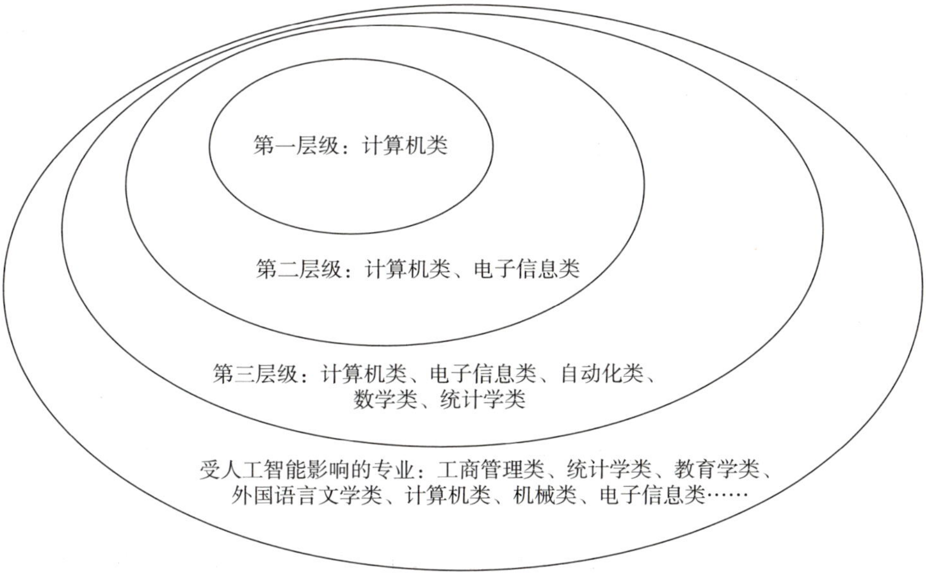


**图 3-2　人工智能及相关专业分类层级**

接下来，我们将依据上述层级对各层次（本科、专科、硕士研究生）人工智能人才培养的发展状况进行深入分析，以揭示各层次人工智能人才培养的特点、成就、面临的挑战以及未来的发展趋势。

## 第二节　人工智能相关本科专业招生动态

本科教育作为高等教育体系的核心组成部分，为相关产业培养了具备扎实基础知识和初步科研能力的高素质人才。近年来，随着人工智能技术的快速发展和广泛应用，部分高等院校在专业设置上进行了优化和调整，新增了大量与人工智能紧密相关的专业，并扩大了人工智能相关专业的招生规模。

### 一、新增计算机类专业布点院校情况

根据第一章的分析，人工智能技术发展主要由中美两国引领。因此，本书重点分析中美两国自 2017 年以来在计算机类专业布局上的动态变化，并进一步分析了中国“211 工程”“985 工程”院校与“双非”院校计算机类专业发展状况的异同[①]。图 3-3 分别统计了自 2017 年起，中美两国以及中国两类院校中新增计算机类专业的院校累计数量。

比较中美两国发现，近年来中国新增计算机类本科专业的院校累计数量明显多于美国新增计算机（以下简称 CS）专业的院校数量。2017—2021 年，中国新增计算机类专业布点院校 1142 所，同期美国新增 CS 专业院校仅 235 所。这可能是多种原因导致：一是两国高校的专业设置不一一对应，中国计算机类专业的范围更广；二是美国的 CS 专业是历史悠久、根基深厚的科学、技术、工程和数学（STEM）核心专业之一,一般高校早已开设这个专业，因此新增院校数量较少。

① 本书中的“双非”院校指非“211 工程”“985 工程”院校。

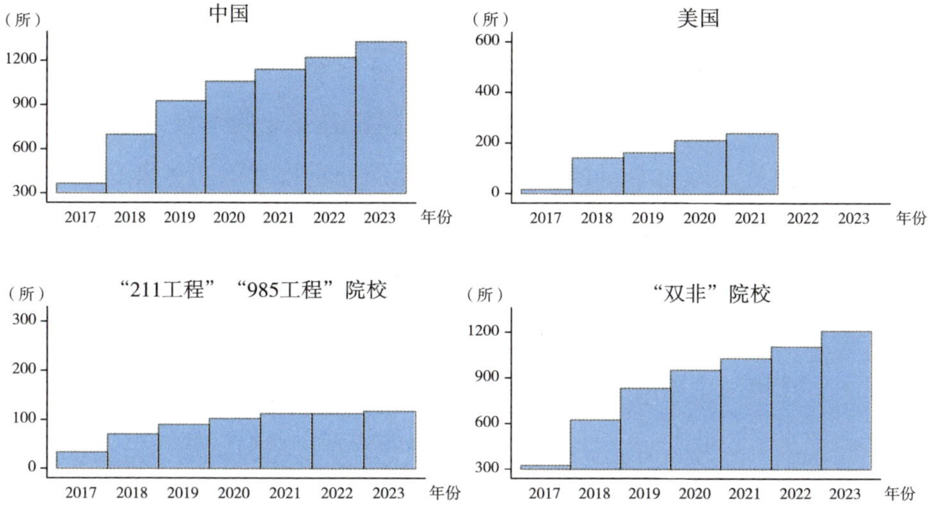


**图 3-3　2017 年以来中美两国及中国两类院校中计算机类专业布点院校新增累计数量**

资料来源：中华人民共和国教育部、美国教育部。

注：美国教育部暂未公布 2022 年和 2023 年相关数据。

2017 年以来，中国计算机类专业布点院校数量增速逐渐放缓。这可能是由于随着该专业的普及与深入发展，有条件的院校均已开设该专业。同时，随着人工智能相关人才需求激增与政策红利落地，众多“双非”院校迅速响应，成为推动计算机类专业扩张的主力。2017—2023 年，“双非”院校中新增计算机类专业的院校数量是“211 工程”“985 工程”院校的近十倍，彰显了这些院校在适应市场需求方面的行动力。

## 二、人工智能本科专业招生动态

本部分将分析本科院校人工智能相关专业的招生情况，探讨其总体招生趋势、分院校类型的招生差异、分地域的招生特点，深入剖析招生规模排名前十的专业，以期全面揭示我国本科学历人工智能人才供给的发展现状与未来趋势。

整体上，人工智能相关专业招生规模及其占比均呈逐年递增趋势，高校日益重视人工智能领域本科层次的人才培养。2016 年，以计算机类学科为核心的第一层级人工智能相关专业本科招生人数约为 18 万人，占当年本科招生总人数的 7.07%；2023 年，招生规模及其占比分别增长至 30 万人和 8.47%（见图 3-4），说明高等院校在持续扩大人工智能相关专业的本科人才培养规模，且相关专业招生人数占本科招生总人数的比例稳定增加。2019 年以前人工智能专业本科招生规模增长趋势较为明显，之后增速逐渐放缓，这可能与 2019 年之后更高质量的内涵或专业建设要求及课程改革有关。2019 年有关部门发布了一系列与专业建设相关的政策，其中《教育部关于一流本科课程建设的实施意见》旨在推动全国高校全面开展一流本科课程建设，以提升我国高等教育的整体教学水平。此外，三种口径的人工智能相关专业招生规模绝对值与相对值变化趋势一致。随着人工智能学科建设与专业发展，该领域会涉及更多的专业。为了更全面地把握人工智能领域的人才培养动态，后续我们决定对第三层级的人工智能相关专业进行分析。

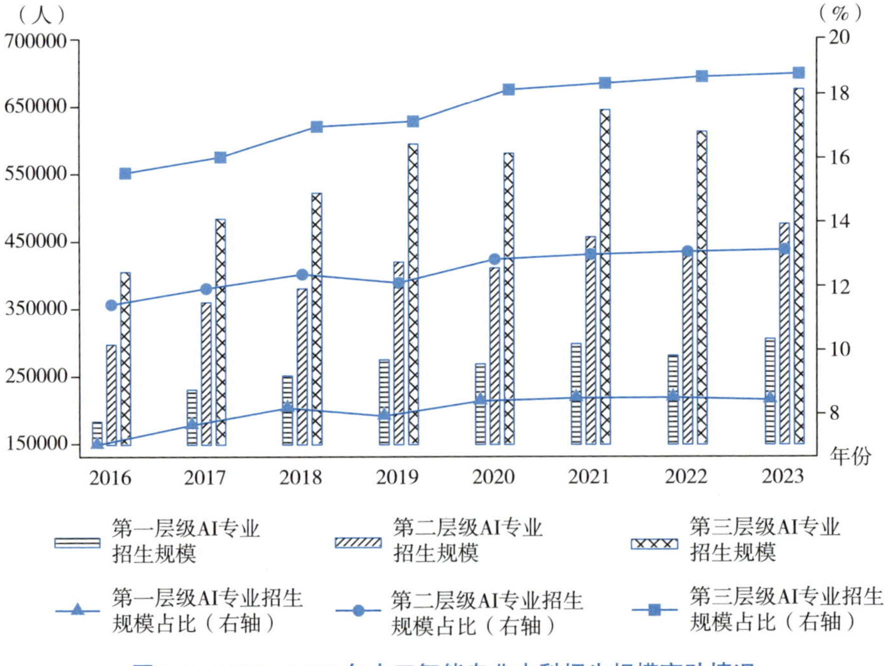


**图 3-4　2016—2023 年人工智能专业本科招生规模变动情况**

资料来源：各省份考试院公布的普通高校本科生录取数据。

从招生规模看，“双非”院校是人工智能相关专业招生的主力。从招生占比上看，“211 工程”“985 工程”院校则更重视人工智能相关学科的发展。从招生规模上看，两类院校招生规模总体均呈递增的趋势，2023 年，“双非”院校人工智能相关专业招生人数约为 57 万人，约为“211 工程”“985 工程”院校招生人数的 5 倍。“双非”院校数量较大，通常以培养应用型人才为主，成为该领域人才培养的主力。从两类院校人工智能相关专业招生人数占本类型院校招生总人数的比重来看，2023 年，“211 工程”“985 工程”院校人工智能相关专业招生占比约为 21.56% ，而“双非”院校在该领域招生占比约为 18.19%（见图 3-5）。随着高等教育对人工智能领域的重视程度不断加深，“211 工程”“985 工程”院校作为国家重点支持的高水平大学，投入更大比例的优质教育资源到人工智能相关专业的建设中，为其发展提供了有力保障。

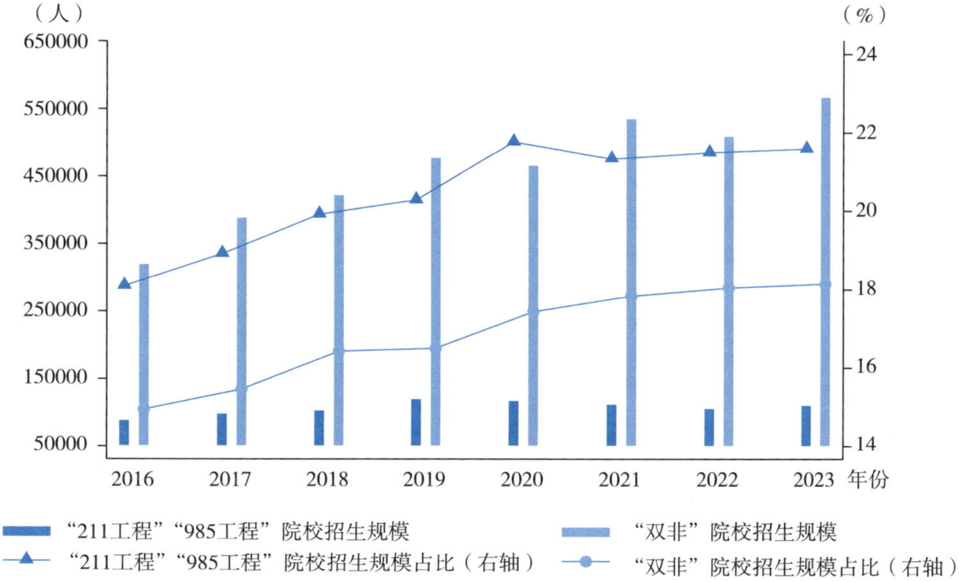


图 3-5　2016—2023 年不同类型本科院校人工智能相关专业招生情况

资料来源：各省份考试院公布的普通高校本科生录取数据。

人工智能相关本科专业及其招生人数与地域发展水平紧密相关。分城市群来看，长三角城市群的高校在人工智能相关专业的年均招生规模高达 79416 人，紧随其后的是长江中游城市群与京津冀城市群，年均招生规模分别为64867人和54338人。相比之下，天山北坡城市群和宁夏沿黄城市群的高校在人工智能相关专业的招生人数则相对较少，年均招生人数分别仅有2594人和2239人（见图3-6）。分省份看，广东和江苏作为经济较发达的省份，其高等院校人工智能相关专业的年均招生人数分别为49197人和43307人。河南作为人口大省，虽然在经济总量上不及江苏和广东，但其同样重视人工智能领域的教育投入，高等院校年均招生人数达到38339人。而海南、宁夏、青海等地由于受到地理位置、经济基础和教育资源等多方面的限制，人工智能相关专业的招生规模相对较小。其中，海南和宁夏高等院校的年均招生人数分别仅有3120人和2585人，青海高等院校的年均招生人数为745人（见图3-7）。这表明人工智能相关专业发展与区域经济水平密切相关。

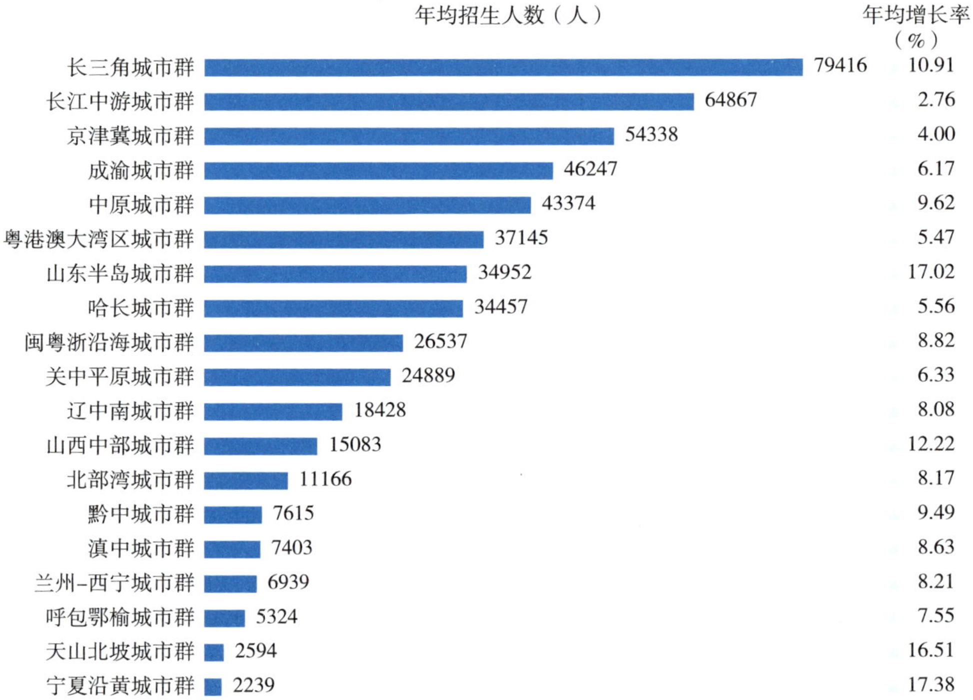


**图3-6　2016—2023年城市群本科院校人工智能相关考生年均招生情况**

资料来源：各省份考试院公布的本科高校录取数据。

注：由于数据限制，粤港澳大湾区城市群的数据不包含香港特别行政区和澳门特别行政区的高校招生数据。

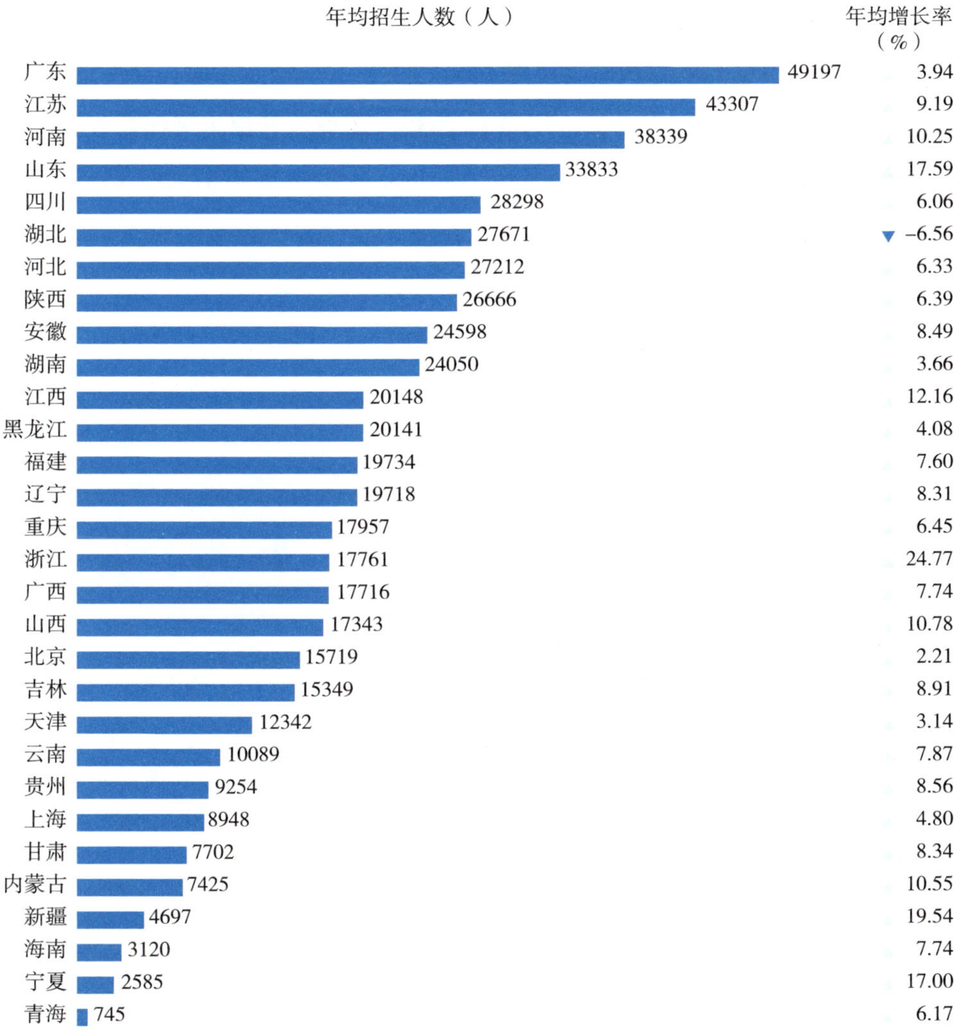


**图 3-7　2016—2023 年各省份本科院校人工智能相关专业年均招生情况**

资料来源：各省份考试院公布的本科高校录取数据。

注：由于西藏院校录取数据缺失较多，未在上图中予以展示。

最后，为深入了解人工智能相关专业的招生情况，我们选取了平均招生规模排在前十位的细分专业进行分析，图 3-8 展示了这十个专业 2016—2023 年的招生人数变动情况。现阶段，虽然人工智能领域的人才培养仍依托于计算机专业，但新兴专业正蓬勃兴起。从招生人数来看，计算机专业持续领先，2023

年以高达 146799 人的招生人数，占全国十大热门招生专业总人数的 27.3%。同时，新兴学科也正以较快的速度崛起，挑战并丰富着高等教育的专业布局。数据科学专业作为 2016 年新设的人工智能相关专业，其招生规模在过去八年里实现了显著增长，从 2016 年的 48 人增长到了 2023 年的 47468 人，这体现了该领域人才供给的迅速增长。

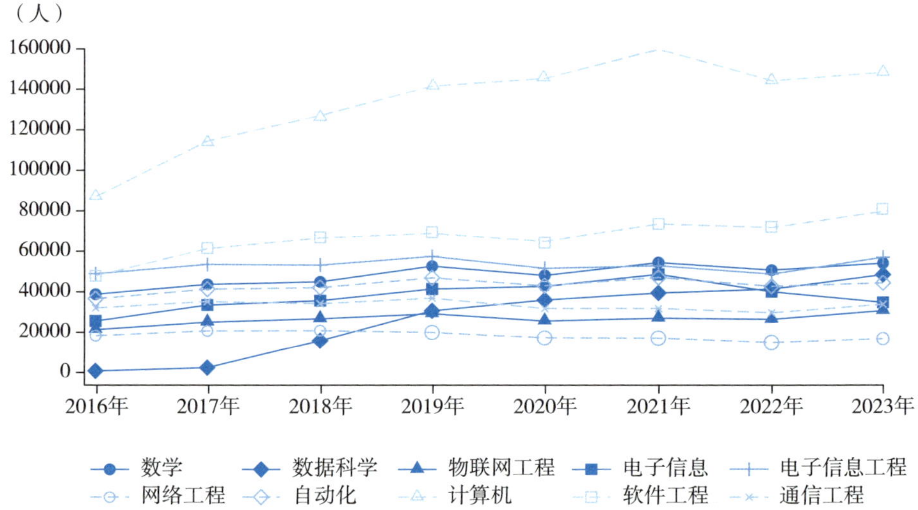


图 3-8　2016—2023 年平均招生规模排在前十位的人工智能相关本科专业招生人数

资料来源：各省份考试院公布的普通高校本科生录取数据。

# 第三节　人工智能相关专科专业人才培养情况

专科教育作为高等教育体系的重要组成部分，致力于培养兼具专业技能和实践能力的高素质应用型人才。近年来，随着人工智能技术应用的深度和广度快速提升，就业市场对人工智能领域技能型人才的需求不断增加，人工智能领域专科教育也面临着新的机遇与挑战。本节分别从整体、区域、细分专业视角对人工智能相关专科专业的招生情况进行详细分析。

从整体上看，普通高等院校人工智能相关专业的专科招生规模呈现稳中有变的发展趋势。在 2020 年之前，人工智能相关专科专业招生人数占全国专科招生总数的比例保持稳定（见图 3–9）。但 2021 年，人工智能相关专业招生规模占比明显下降，这可能与此时期的教育改革相关，例如，2019 年国务院印发的《国家职业教育改革实施方案》要求职业院校积极调整和优化专业设置，从追求规模扩张转向提高教育质量。因此，人工智能相关专业招生数量也会受到一定影响。此外，高职院校为响应《2021 年政府工作报告》中关于“完成职业技能提升和高职扩招三年行动目标”的要求，对适合扩招群体人员特点的专业进行了扩招，其中经管类、教育类和医学类专业是主要的扩招专业，因此当年人工智能相关专科专业招生占比明显下降。

分区域来看，人工智能相关专科专业的发展与区域制造业的发展水平紧密相关。分城市群来看，长三角城市群、长江中游城市群和山东半岛城市群的专科院校人工智能相关专业招生人数在 19 个城市群中排名前三（见图 3–10）。原因可能是以上城市群均有较为发达的制造业基础，随着智能制造、工业互联网等技术的迅猛发展，这种产业结构使该地区对专科层次人工智能技术人才的需求更为迫切。分省份看，招生规模排名前三的省份是山东、广东和湖北（见图 3–11）。山东是全国制造业大省，拥有完整的工业体系和丰富的制造业资源；湖北是制造业强省，在光电技术、钢铁、汽车、装备制造等领域具有显著优势。因此，人工智能相关专科专业的招生区域分布与区域制造业的发展水平相关。进一步研究发现，相较于本科院校，专科院校能更快速地响应市场需求变动。从图 3–10 和图 3–11 中可以看出，绝大部分城市群和省份人工智能相关专科专业的招生人数都经历了明显波动，其中，滇中城市群招生人数的年均增长率超过 102%，云南省招生人数的年均增长率也接近 100%，这一增势远超本科教育在该区域的招生人数变化幅度，这反映出在“数字云南”规划下，相较于本科人才供给，专科人才供给对云南省日益增长的人工智能相关专业人才需求响应迅速。

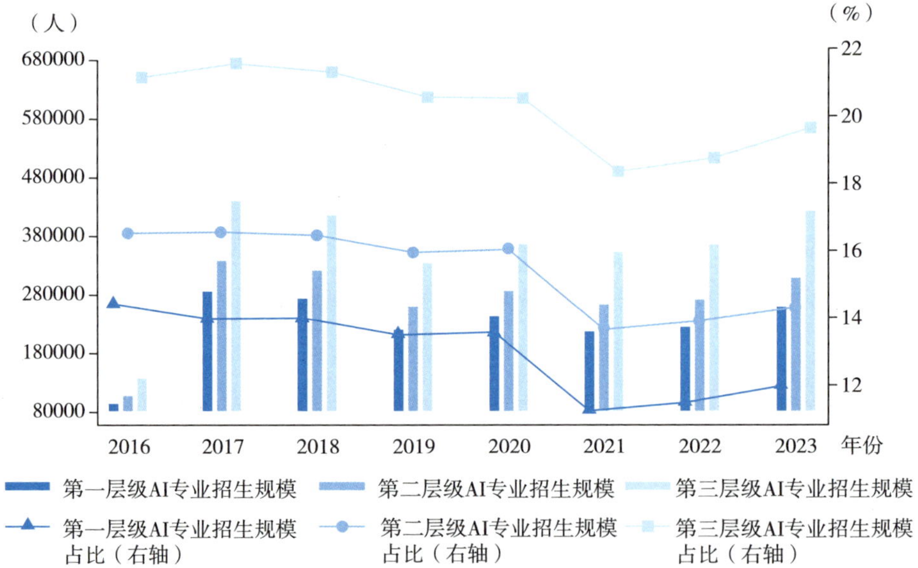


图 3-9　2016—2023 年专科院校人工智能相关专业招生规模变动

资料来源：各省份考试院公布的普通高校专科生录取数据。

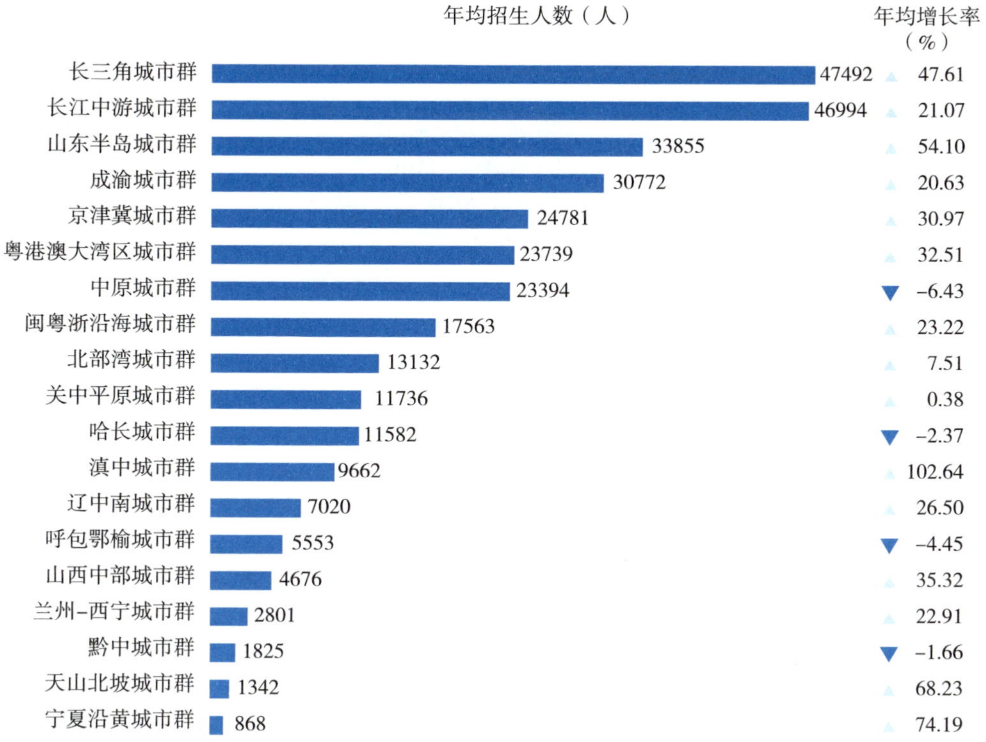


**图 3-10　按城市群分人工智能相关专业专科招生情况（2016—2023 年平均值）**

资料来源：各省份考试院公布的普通高校专科生录取数据。

注：由于数据限制，粤港澳大湾区城市群高校样本不覆盖香港特别行政区、澳门特别行政区，本部分不直接对粤港澳大湾区城市群进行分析。

最后，从人工智能领域的细分专业看，专科院校计算机专业招生规模正在下滑，而大数据技术专业则迅速崛起，成为新兴专业招生增长点。在招生规模排名前十的人工智能专科专业中，大部分专业呈现出稳健而缓慢的增长趋势，但计算机专业招生规模在 2021 年却出现了明显下滑（见图 3-12），这可能与行业饱和、技术迭代以及“报考热”转移等多种因素有关。大数据技术作为人工智能领域的新兴专业，与本科阶段的数据科学专业虽在教学深度与广度上有所差异，但均与当前科技前沿与市场需求紧密联系，特别是 2021 年，专科大数据技术专业的招生规模迎来了显著增长，这是高校对大数据处理与分析等高技能人才需求持续增长的反应。

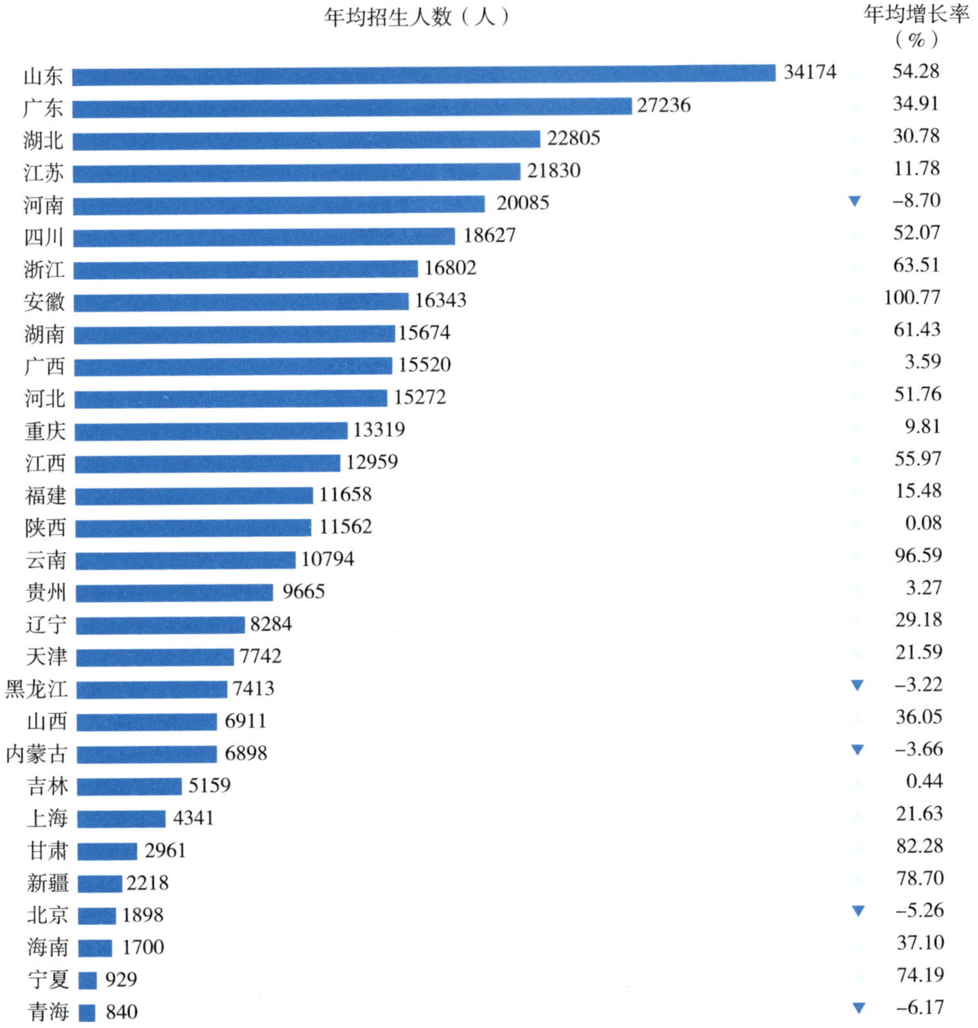


**图 3-11　2016—2023 年各省份专科院校人工智能相关专业年均招生情况**

资料来源：各省份考试院公布的普通高校专科生录取数据。

注：由于西藏学校录取数据缺失较多，在上图中未予以展示。

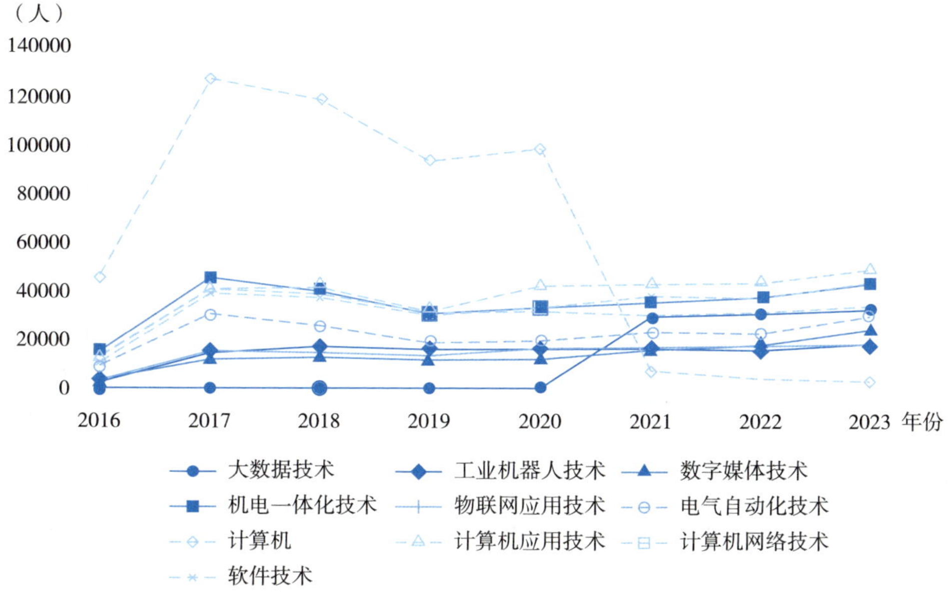


**图 3-12　2016—2023 年平均招生规模排名前十的人工智能专科专业招生人数**

资料来源：各省份考试院公布的普通高校专科生录取数据。

## 第四节　人工智能相关研究生专业人才培养情况

研究生教育作为高等教育体系中的重要组成部分，承担着培养高水平科学研究人才和高级专业人才的重任。近年来，随着社会对高层次人才需求的不断增加，研究生招生规模持续扩大，专业设置也日益丰富。随着人工智能技术的飞速发展，各高校纷纷开设人工智能相关专业，并加大对该领域研究生的培养力度。

整体上，相较于本科和专科，人工智能相关专业的研究生招生规模相对稳定。具体而言，以计算机类专业为核心的第一层级人工智能相关专业研究生招生人数及其占全国研究生总招生人数的比例均保持相对稳定（见图 3–13）。经计算，招生规模及其占比的年均增长率分别为 2.2% 和 –0.2%。此外，第二、三层级人工智能（非纯计算机类）专业的招生规模及其占比也都呈现温和增长的趋势，年均增速不超过 10%。在研究生层次教育中，人工智能相关专业人才培养规模相对稳定。

分院校类型来看，“双非”院校凭借较大的招生规模与逐年提升的招生人数占比，成为研究生阶段人工智能人才培养的重要力量，“211 工程”“985 工程”院校人工智能相关专业招生占比稳定保持高位，两类院校共同推动我国人工智能领域研究生教育的蓬勃发展。从招生规模上看，“双非”院校人工智能相关专业的招生人数高于“211 工程”“985 工程”院校。2024 年的数据显示，“双非”院校的招生人数约为“211 工程”“985 工程”院校的 1.55 倍。从两类院校人工智能相关专业招生人数占本类型院校招生总人数的比重来看，“211

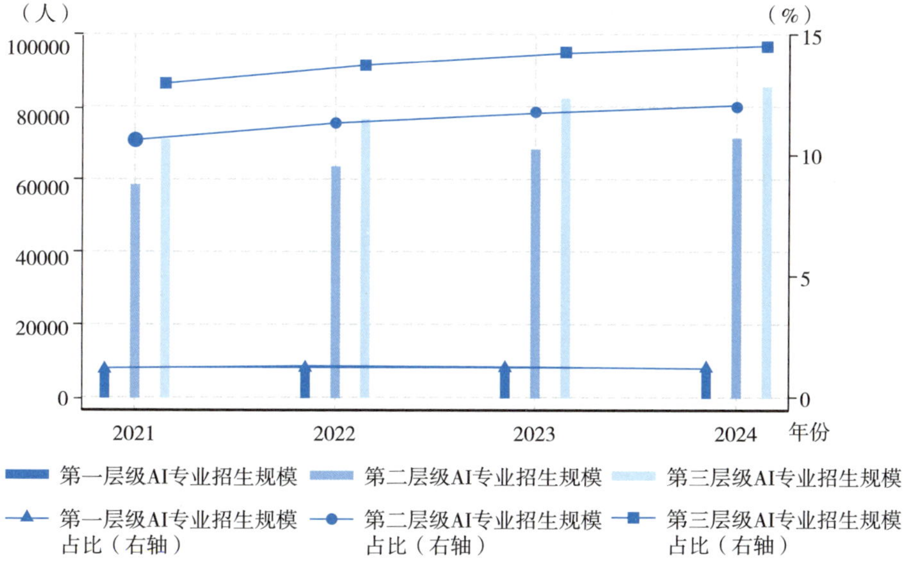


图 3-13　2021—2024 年硕士研究生院校人工智能相关专业招生规模变动

资料来源：研招网。

注：各年招生数据来源于前一年提前公布的计划招生人数。

工程”“985 工程”院校的人工智能相关专业招生人数占比较大且持续领先，占比约为 12%，招生规模年均增速为 0.49%。“双非”院校在 2021—2024 年的招生人数年均占比相对较小，约为 10.62%，招生规模年均增速为 6.82%（见图 3–14）。两类院校人工智能相关专业招生人数占本类院校招生总人数的比重可反映出不同类型院校对人工智能领域人才培养的重视程度与专业积淀。“211 工程”“985 工程”院校的招生人数占比情况体现出该类院校对人工智能领域的长期重视与深厚积累，而“双非”院校人工智能相关专业招生人数占比也在逐年提升，显示这些院校也正在积极调整学科布局，不断加大对人工智能领域的投入与建设力度。

分城市群和省份看，人工智能相关专业研究生招生规模变动趋势与本科阶段呈现出一定相似性，但也存在差异。从图 3–6 及图 3–15 中可见，分城市群看，长三角城市群、京津冀城市群、成渝城市群以及长江中游城市群人工智能相关专业的本科和研究生招生规模均位列全国前列；而在西北地区，

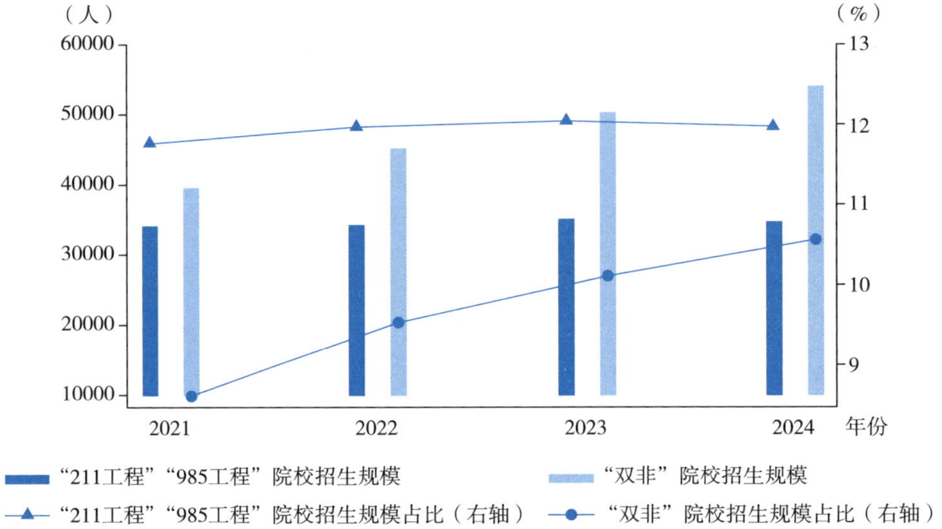


**图 3-14　2021—2024 年不同类型院校人工智能相关专业硕士研究生招生情况**

资料来源：研招网。

注：各年招生数据来源于前一年提前公布的计划招生人数。

如宁夏沿黄、呼包鄂榆、天山北坡等城市群，招生规模均较小。分省份来看，江苏与北京两地人工智能相关专业研究生招生规模较大，2021—2024 年年均招生人数分别为 7081 人和 7075 人（见图 3-16）。而从图 3-7 中可见，在人工智能相关专业本科招生情况中，北京年均招生人数为 15719 人，位列全国第 19 名，这反映北京在高层次人工智能人才培养方面更具优势与吸引力，也说明在同一地区人工智能相关专业不同层次的人才培养也存在差异。从招生增速上看，几乎所有城市群和省份均展现出积极的增长态势，且“东数西算”工程为内蒙古、贵州、云南等地的高层次人工智能人才培养带来了发展机遇。多数城市群和省份均展现出积极的增长态势。从图 3-15 中可见，在城市群中，呼包鄂榆城市群、滇中城市群的招生增速明显较高，年均招生人数增长率分别为 25.59% 和 20.61%。从图 3-16 中可见，分省份看，内蒙古、贵州、云南是招生增速排在前三的省份，年均增长率分别为 24.72%、23.19% 和 19.43%，这可能是因为“东数西算”工程的深入实施，提高了内蒙古、贵州、云南等西部地区对人工智能高素质人才的需求，进而使这些省份相关专业的招生规模出现显著增长。

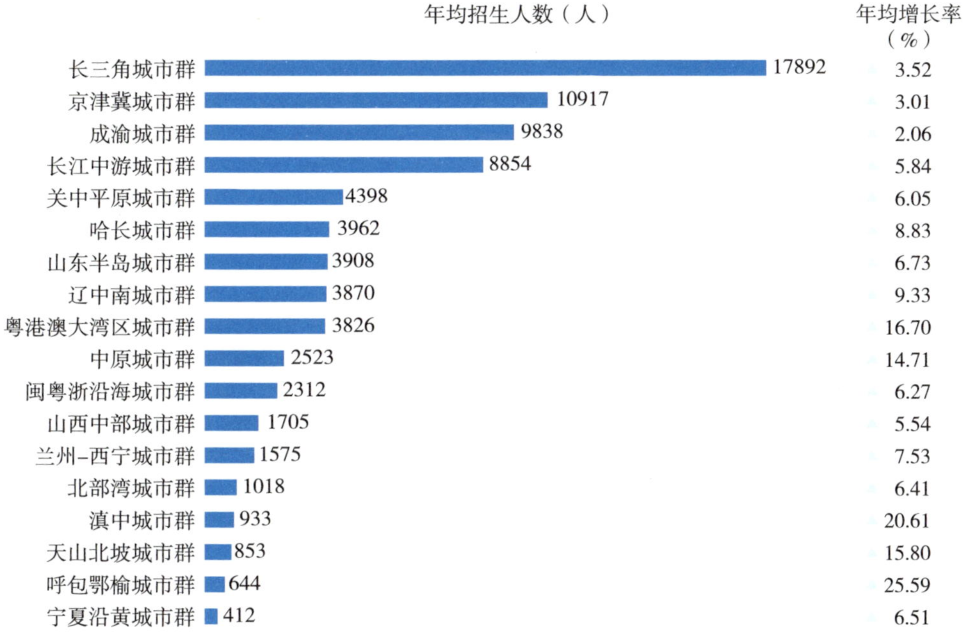


**图 3-15　2021—2024 年各城市群院校硕士研究生人工智能相关专业年均招生情况**

资料来源：研招网。

注：各年招生数据来源于前一年提前公布的计划招生人数。由于数据限制，粤港澳大湾区城市群高校样本不覆盖香港特别行政区、澳门特别行政区，故本部分不直接对粤港澳大湾区城市群进行分析。由于黔中城市群数据缺失，其招生情况未在本图中展示。

由于研究生招生数据未统计细分专业，故本部分仅对第三层级人工智能相关研究生专业的五个专业大类进行分析（见图 3-17）。电子信息专业在研究生人工智能领域人才培养中占据重要地位，2024 年以 66000 人的招生人数领先于其他专业，且其招生规模呈现逐年递增的趋势。2021—2024 年，该专业的年均增长率为 7.38%。应用统计、数学、统计学及计算机科学与技术专业的招生规模相对较小，2024 年的招生人数分别为 5531 人、7555 人、1530 人和 7558 人，这四类专业的招生人数都保持较为平稳的态势。

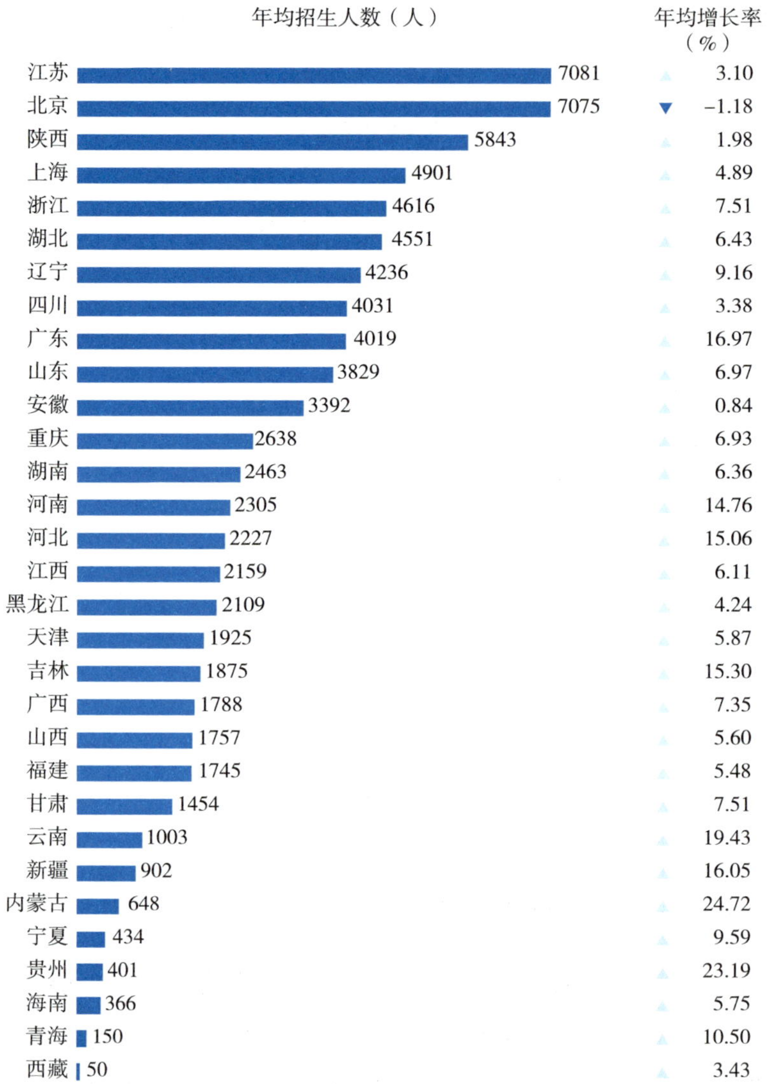


**图 3-16　2021—2024 年各省份院校硕士研究生人工智能相关专业年均招生情况**

资料来源：研招网。

注：各年招生数据来源于前一年提前公布的计划招生人数。

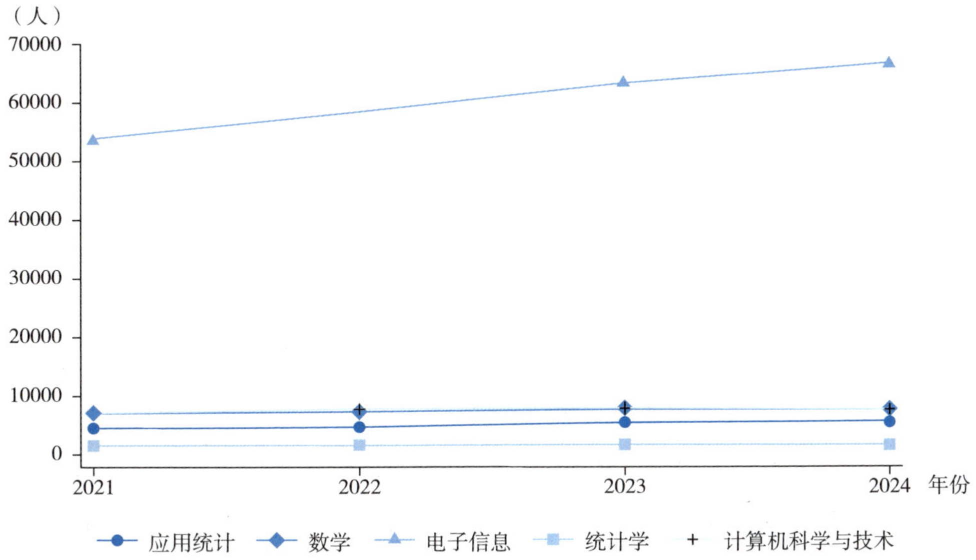


**图 3-17 2021—2024 年硕士研究生人工智能相关专业招生规模**

资料来源：研招网。

注：各年招生数据来源于前一年提前公布的计划招生人数。

近年来，国内博士研究生的招生规模也在持续扩大，根据教育部发布的数据，2011—2023 年博士研究生招生人数从 6.56 万人增加至 15.33 万人。其中，与人工智能学科密切相关的计算机、电子信息等学科领域招生规模不断扩大。例如，中国科学技术大学在 2022 年扩招了 400 多名博士研究生，其中人工智能和计算机科学领域是扩招的重点之一。2020 年以来，多所高校在人工智能和计算机科学领域纷纷增设了博士点。如，北京邮电大学、东北大学、河海大学、湖南大学等多所高校，在 2020 年后相继增设了电子信息、数学等人工智能相关专业博士点。人工智能相关专业的博士研究生扩招计划不仅优化了高校的学科布局，也提升了高校的科研实力和人才培养质量，为培养更多高水平的人工智能领域人才奠定了坚实基础。

# 第五节 人工智能相关专业人才的市场供需现状

为分析人工智能相关专业人才的市场需求，本节选择图 3–8 和图 3–12 所展示的 10 个招生规模较大的本科和专科人工智能相关专业，估计其 2021—2023 年应届毕业生的招聘需求量。首先，根据招聘的条件是否需要工作经验以及学历层次筛选出招聘应届毕业生的岗位。其次，根据该岗位描述或岗位要求的文本内容，和每一个专业的介绍文本一一比较，并计算出该岗位与每一个专业描述的相似度，相似度最高的则认为是该岗位最匹配的专业。再次，对与每个专业相匹配的岗位的相似度求平均值，将低于平均值的岗位剔除。最后，加总剩余岗位需求作为该专业的需求（最佳匹配需求）。根据计算出的某专业的招聘需求量，结合相应层次高校、专业毕业生的情况，分析人工智能相关行业人才供给与需求的适配程度。为了解未来人工智能领域就业市场专业需求的变化趋势，我们还关注了部分行业所需专业的需求结构变迁。

## 一、本科应届毕业生供需匹配

表 3–1 显示了 2021—2023 年 10 个招生规模较大的本科专业应届毕业生的招聘需求情况，其中，年均招聘需求占比是指各专业年均招聘需求占本科应届毕业生年均总需求的比重。图 3–18 将相关专业 2023 年的招聘需求占比与人才供给占比（各专业应届毕业生人数占本科毕业生总人数的比重）相匹配。

电子信息、计算机以及数据科学专业的招聘需求在本科应届毕业生就业市场需求中占据了重要地位，其年均招聘人数分别为 1587247 人、1220397 人和

923521 人，年均招聘需求占比分别为 16.54%、12.71% 和 9.62%（见表 3–1）。其中，市场对数据科学专业人才的需求呈现出明显的增长趋势，年均需求增长率达到 27.50%，这说明随着数据科学等新兴人工智能相关专业人才价值不断凸显，市场对该领域人才的需求将持续增加。

数据科学等人工智能前沿领域的人才供给显得尤为不足（见图 3–18）。具体而言，2023 年数据科学专业毕业生可胜任本科应届毕业生市场 10.14% 的岗位，其需求量在 10 个专业中仅次于计算机专业，然而，该专业毕业生仅占当年本科毕业生总量的 0.71%，人才供给量低于计算机、软件工程、电子信息工程等专业，排在第 8 位。因此，在这 10 个人工智能细分专业中，数据科学专业人才的供给与需求之间出现了较为明显的错配。物联网工程和网络工程专业也存在类似较为明显的结构错配问题。相比之下，传统的人工智能相关专业，如软件工程、电子信息工程等专业人才供需匹配程度更高。综上所述，本科阶段人才培养存在着供给和需求之间的结构错配问题，主要表现为数据科学、物联网工程等人工智能新兴领域的快速发展与所需人才供给滞后之间的矛盾。

**表 3-1　2021—2023 年人工智能相关本科专业招聘需求情况**

| 专业名称 | 年均招聘需求（人） | 年均招聘需求占比（%） | 年均需求增长率（%） |
|---|---|---|---|
| 电子信息 | 1587247 | 16.54 | –57.92 |
| 计算机 | 1220397 | 12.71 | 11.62 |
| 数据科学 | 923521 | 9.62 | 27.50 |
| 物联网工程 | 748459 | 7.80 | 27.41 |
| 网络工程 | 430121 | 4.48 | 38.06 |
| 自动化 | 126294 | 1.32 | 12.37 |
| 软件工程 | 75287 | 0.78 | 9.75 |
| 电子信息工程 | 63108 | 0.66 | 89.63 |
| 通信工程 | 59340 | 0.62 | 3.89 |
| 数学 | 35415 | 0.37 | 15.28 |

资料来源：智联招聘。

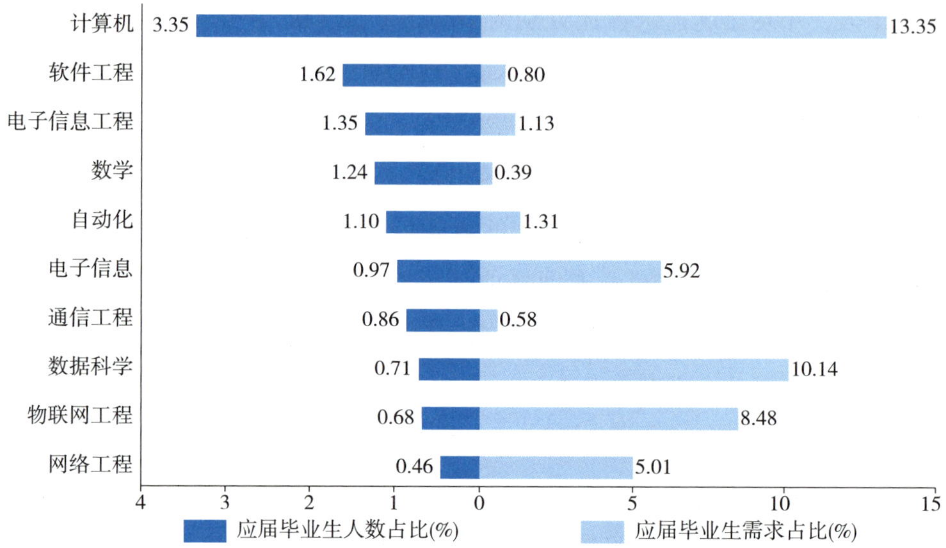


**图 3-18 2023 年人工智能相关本科专业供需匹配**

资料来源：本科高校录取数据、智联招聘。

注：鉴于毕业生数据缺失，我们采用 2019 年本科招生数乘以 2023 年本科毕业落实率，估算 2023 年毕业生人数。

## 二、专科应届毕业生供需匹配

机电一体化技术、物联网应用技术以及计算机应用技术专业的人才需求相对较大（见表 3–2）。2021—2023 年，市场对这三个专科专业应届毕业生的年均招聘需求分别为 1323603 人、1206498 人和 944438 人，分别占据专科应届毕业生年均总需求的 10.86%、9.90% 和 7.75%，但人才供给却未能及时跟上市场需求。具体表现为，2023 年，机电一体化技术、物联网应用技术、计算机应用技术专业毕业生可分别胜任市场上 12.12%、10.52% 和 6.56% 的岗位，而人才供给却滞后于人才需求，人才供给占比仅为 1.63%、0.80% 和 2.07%。计算机专业人才供给占比为 4.84%，远大于 0.44% 的需求占比（见图 3–19）。这一方面体现计算机专业人才供给很可能趋于饱和；另一方面也说明在当前技术革新的背景下，市场对专科学历的计算机类专业人才的优选需求逐渐转向计算机应用技术以及新兴的物联网应用技术等领域。因此，从 2020 年起，计算机专业招生规模开始下滑，这不仅是出现市场过度拥挤的结果，也是专科教育自我调整、优化专业结构以适应市场需求变化的必然趋势。总的来看，人工智能专科人才培养同样存在一定程度的供需结构错配问题，但专科供给能更快适应市场需求的变化。

**表 3-2　2021—2023 年人工智能相关专科专业招聘需求情况**

| 专业名称 | 年均招聘需求（人） | 年均招聘需求占比（%） | 年均需求增长率（%） |
|---|---|---|---|
| 机电一体化技术 | 1323603 | 10.86 | 35.44 |
| 物联网应用技术 | 1206498 | 9.90 | 27.17 |
| 计算机应用技术 | 944438 | 7.75 | –8.56 |
| 软件技术 | 712848 | 5.85 | 46.03 |
| 数字媒体技术 | 348436 | 2.86 | 66.13 |
| 大数据技术 | 151957 | 1.25 | 15.06 |
| 工业机器人技术 | 118719 | 0.97 | 39.00 |
| 计算机 | 74207 | 0.61 | –26.53 |
| 电气自动化技术 | 54397 | 0.45 | 23.40 |
| 计算机网络技术 | 40090 | 0.33 | –11.11 |

资料来源：智联招聘。

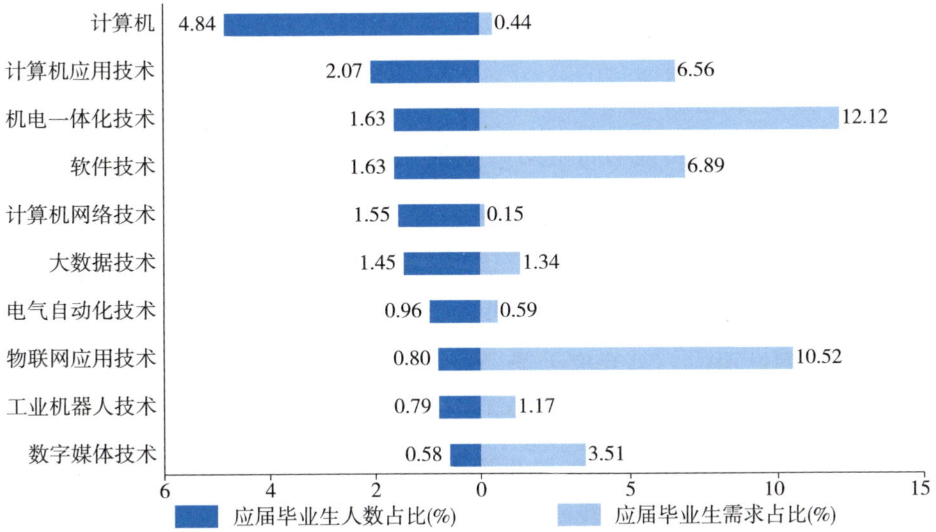


**图 3-19　2023 年人工智能相关专科专业供需匹配**

资料来源：专科院校录取数据、智联招聘。

注：鉴于毕业生数据缺失，我们采用 2020 年专科招生数乘以 2023 年专科毕业落实率，估算 2023 年毕业生人数。特别地，对于 2021 年新纳入《职业教育专业目录》的大数据技术专业，我们用 2021 年招生数据来近似估算 2023 年毕业人数。

## 三、部分行业所需专业结构变迁

为了解未来人工智能领域就业市场专业需求的变化趋势，我们分析了部分行业本科专业人才的需求变化趋势。表 3–3 展示了 2019 年和 2023 年六个行业中，每个行业需求占比较多的五类本科专业（既可能涉及人工智能相关专业，也可能包括其他部分专业）。

首先，我们关注了这六类行业对人工智能相关专业人才的需求。除互联网和相关服务业外，其他五个行业均对电子信息类专业人才有较大的需求。不过，这些行业对电子信息类本科专业人才的需求整体呈现减弱趋势，这可能是因为随着信息技术的成熟与普及，一些基础性的电子信息技能逐渐成为就业的基本要求。除了汽车制造业、专用设备制造业外，其他的四个行业对计算机类本科专业人才的需求也较大，这可能是因为计算机类专业人才具备扎实的编程和软件开发技能，这些技能在许多行业的数字化转型中都是至关重要的。与自动化类本科专业人才的需求相反，统计学类本科专业人才在互联网和相关服务业、软件和信息技术服务业具有较大的需求。此外，虽然数学类专业与人工智能密切相关，但是这些行业对于数学类本科专业人才的需求均在 5 名之外，这可能与行业对数学类专业人才的需求集中在更高级或研究导向的职位上有关，而这些职位的数量相对较少。

其次，我们进一步分析了这六类行业对其他专业人才的需求（见表 3–3）。每个行业都对工商管理类本科专业人才有较大的需求。这可能与企业在数字化转型过程中，对管理创新、战略规划和市场洞察能力的要求有关。同时，教育类本科专业人才在互联网和相关服务业以及软件和信息技术服务业有较大的需求，反映了这些行业对人才培养、知识传播和技术普及的重视，这可能与这些行业对在线教育和技能培训平台的投资增加，以满足不断变化的技术需求有关。而对机器类本科专业人才的需求则恰恰相反，主要集中在计算机、通信和其他电子设备制造业以及汽车制造业、仪器仪表制造业和专用设备制造业。

**表 3-3 2019 年和 2023 年各行业需求量较多的 5 类专业**

| 专业类型 | 专业大类 | 互联网和相关服务业 | | 计算机、通信和其他电子设备制造业 | | 汽车制造业 | | 软件和信息技术服务业 | | 仪器仪表制造业 | | 专用设备制造业 | |
|---|---|---|---|---|---|---|---|---|---|---|---|---|---|
| | | 2019 年 | 2023 年 | 2019 年 | 2023 年 | 2019 年 | 2023 年 | 2019 年 | 2023 年 | 2019 年 | 2023 年 | 2019 年 | 2023 年 |
| 人工智能相关专业 | 计算机类 | 14.73% | 6.74% | 7.98% | 4.51% | — | — | 18.03% | 10.01% | 7.44% | 4.39% | — | — |
| | 电子信息类 | — | — | 19.29% | 14.39% | 5.82% | — | 6.38% | 6.89% | 14.31% | 10.16% | 6.95% | 4.24% |
| | 自动化类 | — | — | 8.10% | 7.17% | 7.03% | 6.09% | — | — | 20.02% | 14.13% | 12.94% | 7.46% |
| | 数学类 | — | — | — | — | — | — | — | — | — | — | — | — |
| | 统计学类 | 8.08% | 8.73% | — | — | — | — | 5.98% | 6.41% | — | — | — | — |
| 其他部分专业 | 工商管理类 | 10.04% | 14.90% | 7.46% | 10.14% | 9.15% | 10.26% | 8.55% | 11.96% | 4.13% | 8.09% | 7.61% | 11.59% |
| | 教育学类 | 5.69% | 5.73% | — | — | — | — | 7.58% | 5.95% | — | — | — | — |
| | 新闻传播学类 | 7.68% | 5.98% | — | — | — | — | — | — | — | — | — | — |
| | 机器类 | — | — | 5.24% | 7.11% | 14.75% | 13.42% | — | — | 8.66% | 9.06% | 10.29% | 11.98% |
| | 图书情报与档案管理类 | — | — | — | — | 4.87% | 4.74% | — | — | — | — | — | 4.07% |
| | 经济与贸易类 | — | — | — | — | — | — | — | — | — | — | 5.92% | — |
| | 工业工程类 | — | — | — | — | — | 5.43% | — | — | — | — | — | — |

资料来源：智联招聘。

注："人工智能相关专业"指的是第三章前文中提到的人工智能领域的第三层级专业。"—"表示该行业对该本科专业的需求不在前五名之内。表格中的百分比表示每个本科专业在该行业中所占的需求比例。

# 第六节　案例分析

## 案例 1：物联网相关专业人才培养供需错配问题分析

物联网是指通过信息传感设备将物品与互联网连接起来，进行信息交换，以实现智能化识别和管理。《中华人民共和国国民经济和社会发展第十四个五年规划和 2035 年远景目标纲要》将物联网列为数字经济重点产业，赋予其重要使命。近年来，随着经济社会加快数字化、智能化转型升级，物联网技术快速发展并深入应用于各产业领域，与人们的生产生活密不可分，成为推动社会进步与民众生活品质提升不可或缺的重要力量。

在政府政策扶持与企业、学术界共同推动下，物联网技术已广泛渗透到智能家居、工业监控、智能交通、医疗健康、农业生产等诸多领域。由于前景广阔、使用范围广泛，市场对物联网工程技术人才的需求也日渐增加，物联网领域发展、行业快速应用导致人才缺口巨大，市场需要大量具备底层技术研究、软硬件系统研发、项目规划实施、系统运维管理等各项专业技术技能的物联网工程技术人才，以驱动产业持续高速发展（人力资源和社会保障部，2020）。目前，许多本科及专科院校已经开设了物联网相关专业，例如，从前文的图 3-12 中可知，专科院校的物联网应用技术这一物联网相关专业年均培养约 1.5 万名专业人才，与此同时，市场对相关专业人才的需求量也越来越大。根据人力资源和社会保障部 2020 年发布的《新职业——物联网工程技术员就业景气现状分析报告》，2020—2025 年物联网行业人才缺口总量将超过 1600 万人。因此，从数量上看，目前物联网行业存在人才供给不足的问题。

此外，高校物联网教育领域也面临一些挑战。一是教学体系不够完善。当前部分物联网专业的教学体系存在课程设置过时、内容单一或不够贴合行业需求的问题，并且教师队伍结构也不够合理，缺乏高水平的师资力量。二是实践教学不足。物联网专业是一门实践性很强的专业，实践教学需要一定的设备、实验室和技术支持，而有些学校可能面临资源有限的情况，无法提供相应的实践教学环境和设备。三是学生创新意识不足。学生创新意识的培养是物联网相关专业人才培养的重点内容，物联网专业人才需具备创新意识和创新能力，但传统的教育方式和评估方法可能更加注重知识的传授和记忆。

综上所述，物联网相关专业人才面临供需错配问题，主要表现为数量上的供给不足及质量上的技能不匹配。需完善教学体系，强化实践教学，优化师资结构，并注重学生创新意识的培养，以更好地满足物联网产业快速发展的需求，促进物联网技术与各行业的深度融合与创新发展。

## 案例 2：新兴人工智能学科（专业）与高质量就业——数据科学（本科）专业与大数据技术（专科）专业的诞生与发展前景

### （一）案例背景

大数据产业指以数据生产、采集、存储、加工、分析、服务为主的相关经济活动，包括数据资源建设，大数据软硬件产品的开发、销售和租赁活动，以及相关信息技术服务。目前，大数据广泛应用于智慧医疗、智慧城市、精准扶贫等高新技术领域，成为相关产业发展的重要支撑。

数据科学（本科）专业以及大数据技术（专科）专业相较于近年来新设立的其他人工智能相关专业，招生规模的增速最大，供需缺口也较大。所以，这两个专业具备一定的代表性，对其他人工智能相关专业的发展也有借鉴价值。

### （二）专业发展历程

在本科专业发展方面，教育部于2016年2月发布的《2015年度普通高等学校本科专业备案和审批结果》中首次增加了“数据科学与大数据技术专业”，首批共有3所大学获批，分别是北京大学、对外经济贸易大学及中南大学。清华大学和复旦大学等高等院校也相继开设了类似的本科专业，致力于培养具备跨学科数据分析能力的人才。

在专科专业发展方面，教育部于2021年发布的新版《职业教育专业目录》首次出现了“大数据技术”高职专业，此专业在课程设置上以实操为主，紧密贴合行业需求，致力于培养具备实际操作能力的人才。

### （三）专业异同分析

对于本科专业人才培养，选取2016年第一批开设数据科学专业的3所高等院校之一的北京大学作为典型案例，并综合数所各层次高等院校数据科学专业本科培养方案进行分析。

本科阶段数据科学专业课程中，公共基础课程占比约为48%，专业教育课程占比约为52%。公共基础课程主要为思政、英语、体育、军事及通识课程等，专业教育课程主要涵盖高等数学、线性代数、程序设计、数据结构与算法等基础课程，以及人工智能、算法设计、Python和数据科学等专业核心课程。

部分“211工程”“985工程”院校还设置了神经网络与深度学习、计算机视觉、自然语言处理等人工智能前沿技术课程。这些课程帮助学生建立了扎实的数理基础，形成了对数据科学及人工智能从原理到实践的认识。

表 3-4　北京大学数据科学（本科）专业课程设置

| 课程类型 | | 主要内容 | 应修学分 | 占总学分比例 | 模块占比 |
|---|---|---|---|---|---|
| 公共基础课程 | 公共必修课 | 思政、军事、体育、英语 | 39 | 26% | 48% |
| | 通识教育课 | 人类文明及其传统、现代社会及其问题、艺术与人文、自然与技术、数学 | 12 | 8% | |
| | 自主选修课 | 全校课程 | 20 | 14% | |
| 专业教育课程 | 专业基础课程 | 高等数学、线性代数、程序设计、数据结构与算法 | 19 | 13% | 52% |
| | 专业核心课程 | 人工智能、离散数学、计算机系统、AI中的数学、Python和数据科学、算法设计、概率统计、计算机视觉、自然语言处理 | 34 | 23% | |
| | 专业选修课 | 数学类、人工智能、数据科学 | 18 | 12% | |
| | 毕业论文 | — | 6 | 4% | |

资料来源:《北京大学 2023 级数据科学与大数据专业培养方案》。

与对应的本科专业相比，大数据技术专科阶段的核心课程更侧重于工作实践。以首批“双高”计划中 10 所 A 档职高之一的深圳职业技术大学的大数据技术专业为例，该专业课程设置中，通识教育课程占比为 38%，专业教育课程占比为 62%。其中，通识教育课程主要有涵盖思政、语言、体育和职业规划的通识基础课程和涵盖文学、自然科学、社会科学、艺术、创新的通识一般课程，专业教育课程主要有 MySQL 技术实训、大数据技术实训、程序设计基础和机器学习课程，其中实训类课程占比为 24%。

相比对应的本科专业，专科人才培养方案中专业课程占比较高，且有较大比例的实训课程，其课程设置更重视就业技能培养，并设有与人工智能技术接轨的前瞻性课程，有利于贯彻落实高质量就业要求。

表 3-5　深圳职业技术大学大数据技术专业课程设置

<table>
<tr><th colspan="2">课程类型</th><th>主要内容</th><th>应修学分</th><th>占总学分比例</th><th>模块占比</th></tr>
<tr><td rowspan="4">通识教育课程</td><td>通识基础课程</td><td>思政、语言、体育、职业规划、实习实践</td><td>40</td><td>28%</td><td rowspan="4">38%</td></tr>
<tr><td>通识核心课程</td><td>由专业指定的课程</td><td>6</td><td>4%</td></tr>
<tr><td>通识一般课程</td><td>语言文学与文化传承、科学精神与生命关怀、社会科学与现代社会、艺术创作与审美体验、创新创业与多元实践</td><td>8</td><td>6%</td></tr>
<tr><td>通识拓展课程</td><td>学生自愿选择，修读完可获得拓展专业证书</td><td>8 ~ 15</td><td>与一般课程相互替代</td></tr>
<tr><td rowspan="3">专业教育课程</td><td>专业基础课程</td><td>程序设计基础、工程应用数学（人工智能类）、大数据应用认知实训</td><td>25</td><td>17%</td><td rowspan="3">62%</td></tr>
<tr><td>专业核心课程</td><td>大数据技术实训、机器学习、MySQL技术实训</td><td>40</td><td>28%</td></tr>
<tr><td>专业拓展课程</td><td>网站设计与制作技术、Oracle数据库高级管理技术、Spark大数据快速运算</td><td>24</td><td>17%</td></tr>
</table>

资料来源:《深圳职业技术大学 2023 级专科人才培养方案》。

## （四）专业技能培养与市场需求分析

信息时代的巨量数据对信息处理能力提出了新要求，也推动了数据驱动的决策模式的普及。在金融、保险、医疗健康、电子商务等领域，数据科学处理能力逐渐成为核心竞争力之一。为此，高等院校纷纷开设数据科学本科专业，以响应市场需求，培养能够进行数据建模、算法开发和数据可视化的高端人才。

数据科学（本科）专业的专业课程涵盖数学、计算机科学、数据科学、人工智能等多个领域，其学生将具有扎实的数理基础、较强的系统能力和交叉创新能力，毕业后既可在科研机构、高等院校、企业事业单位从事数据科学与大数据技术领域的研究、教学、开发、管理工作，也可继续攻读相关领域的研究生。

就业市场数据显示，数据科学（本科）专业的人才需求达 652 万人，年增长率为 17.2%，而供给仅为 4.7 万人，供需缺口显著。

大数据技术（专科）专业则更侧重于实操技能的培养，课程设置上更强调培养编程、数据库管理、爬虫技术、系统运维等实际操作技能。毕业生通常具备扎实的数据处理技术，能够胜任大数据平台的搭建与维护、数据采集与清洗、简单的数据分析与可视化等工作，就业岗位包括数据采集工程师、大数据可视化工程师、大数据运维工程师、大数据销售。

就业市场数据显示，大数据技术（专科）专业的人才需求近 107 万人，年增长率为 19.8%，而供给仅为 3.2 万人，供需缺口显著。

### （五）未来展望

一是技术融合与创新驱动。数据科学将与人工智能、云计算等技术更加紧密地融合，推动专业向更深层次、更广领域发展。

二是市场需求持续增长。全球范围内的数字化转型导致对数据科学人才的需求持续增长。除了信息技术行业，金融、医疗、教育等领域也将产生大量人才需求。

三是专业教育与行业应用深度融合。数据科学（本科）专业人才培养将更加注重与行业应用的深度融合，课程设置将更加注重实践性和应用性。

四是国际化发展趋势加强。数据科学（本科）专业的国际化发展趋势将进一步加强，包括与国际知名高等院校和研究机构的合作与交流。

# 本章小结

在人工智能专业人才培养领域，本科、专科及研究生层次的人才培养展现出不同的发展态势与亮点。本科阶段，人工智能相关专业招生规模及占比逐年扩大。其中，“双非”院校是招生主力，培养了大量人工智能人才，而“211 工程”“985 工程”院校人工智能专业招生人数占该类院校招生总数的比例较高且较稳定，显示其对人工智能相关专业的重视。现阶段，本科层次的人工智能相关专业人才培养虽仍旧依托于计算机专业，但新兴学科正蓬勃兴起。专科院校人工智能领域相关专业的招生呈现稳中有变的发展趋势。其中，计算机专业招生规模正在下滑，而大数据技术专业则迅速崛起，成为新兴专业招生增长点。研究生阶段，人工智能领域相关专业的招生规模在高等教育体系中展现出独特的稳定性。其中，“双非”院校凭借较大的招生规模与逐年提升的招生人数占比，成为研究生阶段人工智能人才培养的重要力量，“211 工程”“985 工程”院校则优势明显、规模稳定，二者合力推动我国研究生教育在人工智能领域的蓬勃发展。

尽管人工智能教育在各层次院校中均展现出蓬勃发展的态势，但其人才培养过程中仍面临诸多挑战与复杂问题。首先，各层次人工智能相关专业的发展存在区域间不平衡问题，这种不平衡可能与地区经济发展水平和产业结构特点有关。对此，应当加强政策引导，优化资源配置，推动各地区人工智能专业教育均衡发展。其次，本科阶段和专科阶段的人工智能人才培养存在着不同程度的供需结构性错配，主要表现为某些新兴领域的快速发展与相应人才供给滞后之间的矛盾。因此，高等院校的人才培养应精准对接行业需求，动态调整培养计划，促进人才与就业市场的有效对接。再次，在市场需求从基础型人工智能人才向复合型人才方向转变过程中，需深化跨学科融合教育，强化综合能力培养，打造适应市场需求的复合型人才梯队。最后，随着人工智能技术及其应用的深度和广度快速提升，社会和环境的可持续发展也对人工智能专业人才的素养和能力提出了更高要求，对此，联合国教科文组织呼吁学校在人才培养过程中应注重对人工智能的批判性方法的教学，帮助学生理解以人为本的人工智能互动以及环境可持续性。正如 UNESCO et al.（2024）提出的：教育作为一个公共部门，不能沦为被动采用人工智能的试验场，它还应赋予年轻人以人为本地共同创造可持续未来的力量，为社会培养负责任、有创造力的人才。

# 第四章　人工智能与高质量充分就业

## 关键发现

- 从城市层面来看，人工智能发展对就业水平产生显著正向影响，且这种积极影响主要集中在东部地区。
- 人工智能发展对不同技能劳动者就业水平的影响具有异质性，对低技能劳动者存在一定的挤出效应。
- 从就业质量来看，人工智能发展整体上提升了城市就业质量，并且对工资报酬、医疗保险和养老保险覆盖率等分指标均具有积极影响，但对城镇单位就业比例具有一定的负向影响。分区域来看，就业质量提升效应也同样突出表现在东部地区。
- 人工智能发展也使得不同技能劳动者就业质量产生分化，对高技能劳动者影响为正，但显著降低了低技能劳动者就业质量。人工智能使得低技能劳动者发生教育—职业误配的概率提升。
- 分时间段来看，2011—2015 年人工智能发展对就业数量的影响显著为正，而 2016—2019 年人工智能对就业数量产生负向影响，2020—2022 年为正向影响，但影响系数大幅度减小。长期来看，人工智能对就业数量的影响存在一定的不确定性。人工智能对就业质量的影响在观察期内均显著为正。

# 第一节　人工智能影响高质量充分就业的机制分析

## 一、人工智能影响就业数量的机制分析

人工智能影响就业数量的机制可以归纳为就业替代机制、就业创造机制和生产率机制三种机制①，而其对就业数量的影响取决于三种效应的动态平衡（见图 4-1）。当替代效应大于其他两个效应时，人工智能的广泛应用会导致就业数量减少。当就业创造效应和生产率效应占主导地位时，人工智能技术的发展会增加就业数量。

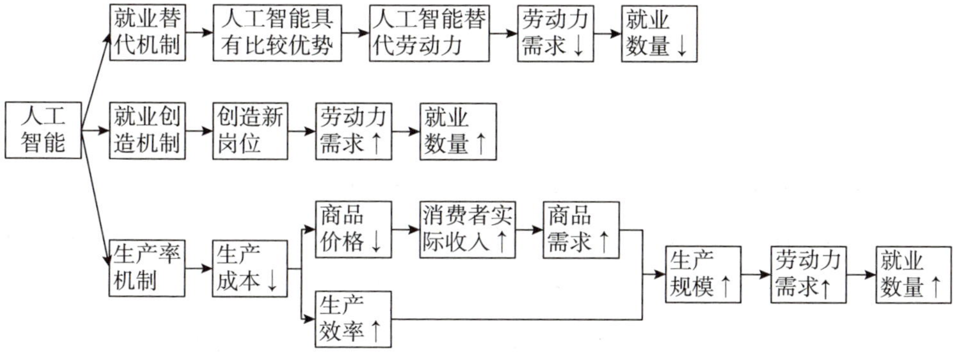


图 4-1　人工智能影响就业数量的机制分析

第一，就业替代机制。人工智能不仅仅是自动化程度的延续，生成式人工智能的发展扩展了对脑力劳动的替代范围。在人工智能具有相对优势的岗位上，为了节省劳动力成本，提高生产效率，企业会使用人工智能替代劳动

① 三种机制也分别叫就业替代效应、就业创造效应和生产率效应。

者。随着人工智能的发展和应用，可被替代的劳动力范围呈不断扩大的趋势，高技能劳动力也出现被替代的情况，从而减少企业的劳动力需求，降低就业数量。

第二，就业创造机制。人工智能在替代劳动力的同时，也催生和创造出新业态和新的工作岗位，例如 AI 训练师、提示词工程师、微调工程师等。因此，在就业创造效应的作用下，人工智能会增加企业的劳动力需求，从而增加总体的就业数量。

第三，生产率机制。一方面，人工智能的应用通过显著提高生产率来降低生产成本，引起相应产品价格降低，增加消费者对商品的需求，引起相关产业规模扩大，进而增加对劳动力的需求（Autor & Salomons，2018）。另一方面，企业生产率的提高，有利于企业自主扩大生产规模、增加销售额，从而增加劳动力需求。因此，在生产率机制下，人工智能会通过价格效应和规模效应增加企业对劳动力的需求，从而增加就业数量。

## 二、人工智能影响就业质量的机制分析

从宏观层面来看，人工智能通过提高生产效率和推动产业结构升级，从而改善整体就业质量。其一，人工智能技术应用有助于提升生产效率，企业能够以较低的成本提供更高质量的产品和服务，从而促进市场扩张。这种扩张可能带来新的就业机会，为员工提供更高的工资和福利，使得企业具备更多资源更稳定的员工队伍，从而提升就业质量。其二，人工智能发展能促进产业结构升级，推动产业从劳动密集型向技术和知识密集型转变，提升了行业附加值，也增加了高技能、高收入就业岗位的比例。同时，产业升级也带来岗位技能需求的变化，人工智能技术的应用使企业对员工的技能要求提升，这种技能升级促使劳动者通过培训或教育提升技能，而人力资本的增值为其提供职业发展前景更好的就业环境，有助于提升劳动者的长期工作满意度。因此，人工智能通过促进产业升级直接和间接地改善了劳动者就业质量。

从微观视角看，人工智能对不同技能水平劳动者就业质量的影响具有异质性。人工智能与高技能劳动者通过“人机协作”提升高技能劳动者的劳动效率，促进就业质量提高（Cazzaniga et al.，2024）。人工智能的引入增强了高技能劳动者在数据分析、战略决策等复杂任务方面的生产效率，通过技能互补的方式，进一步拓展了高技能劳动者执行任务的边界，提高了生产效率和专业价值，其职业角色向更高价值的方向转变，从而有利于提升其就业质量。对于低技能劳动者，人工智能技术发展推动了工作任务的自动化，尤其是那些重复性高、规则明确的任务，如果没有相应的技能培训和转岗安排，低技能工人则面临失业风险或工作条件恶化的困境。因此，人工智能技术发展使得就业市场对劳动力技能的要求发生变化，高技能劳动者在就业市场中占据更有利的地位。整体而言，人工智能发展引致的就业技能结构转型可能加剧不同技能水平劳动者就业质量的分化。

# 第二节 人工智能对就业数量的影响分析

本节将结合宏微观数据，分别从城市和微观个体两个层面剖析人工智能对就业数量的影响。

## 一、人工智能发展与就业水平：基于城市层面数据

在城市层面，利用《中国城市统计年鉴》、各地级市统计年鉴 2011—2019 年在岗职工平均人数和常住人口数据，计算就业人口占比，以衡量城市层面就业水平。使用各城市人工智能企业数量和常住人口数据，计算各城市人均人工智能企业数量，表征人工智能发展水平。首先对二者进行相关性分析，人工智能发展水平与就业水平之间呈现正相关关系，即人工智能发展水平越高，城市的就业水平也相对越高（见图 4–2）。

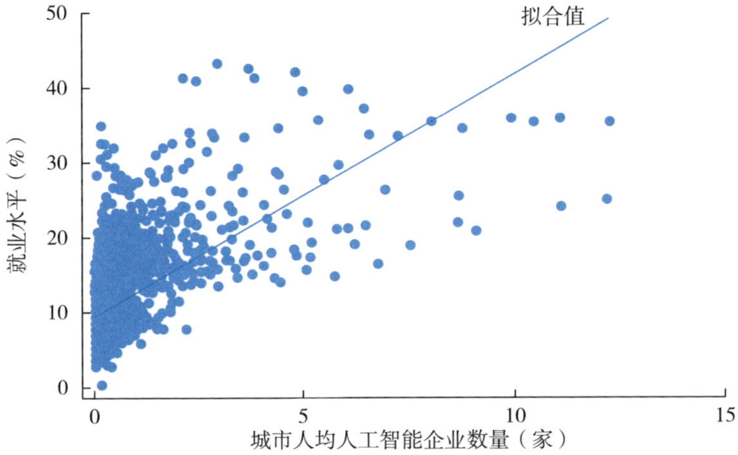


图 4-2 人工智能发展水平与城市就业水平相关性

在相关性分析基础上，我们进一步选取人均生产总值、公共支出占比、教育支出占比、产业结构、外资实际使用金额、人均邮电业务量作为控制变量，进行普通最小二乘回归，考察人工智能对就业水平的影响（见图 4–3）。整体上，人工智能发展对就业水平具有显著的积极影响，人工智能发展水平每提高一个单位，就业水平将提升 0.271 个单位，这表明人工智能的就业创造效应和生产率效应大于就业替代效应，整体上表现为对就业水平提升的促进效应。分区域来看，人工智能对东部地区和西部地区就业水平具有正向影响，且对东部地区的影响在 10% 的统计水平下显著。人工智能技术发展创造的岗位需要更多高技能人才，从资源分布来看，东部地区的人力资本水平相对较高，能够匹配人工智能发展对人才的需求，从而表现出人工智能的发展对东部地区就业水平提高的促进作用。

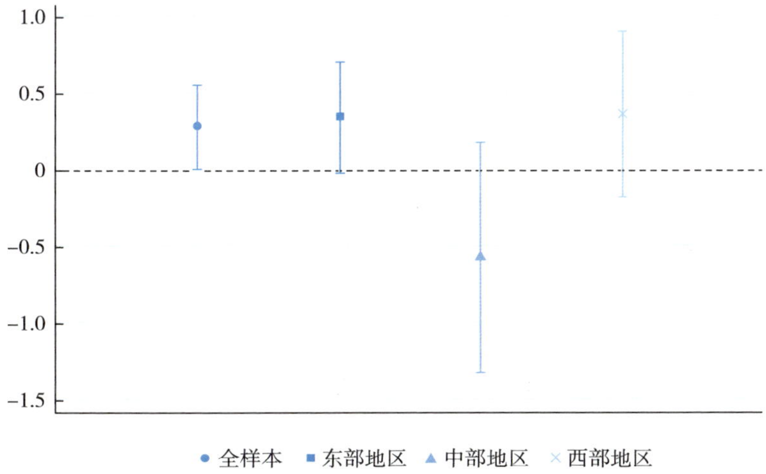


**图 4-3 人工智能发展对城市就业水平的影响**

注：纵轴代表回归系数大小和置信区间范围，横轴分别对应全样本、东部地区、中部地区和西部地区的人工智能变量回归结果。此图报告的结果为 95% 置信区间，对应 5% 的显著性水平，若无特别说明，下文的结果也均为 95% 置信区间。本部分结果也使用了人工智能专利数据构建的 Bartik IV 进行稳健性检验，基本结论与图 4–3 的结果一致。

本节进一步采用人工智能专利授权数据[①]，并将其分为规划与调度（Planning and Scheduling）、知识表示与推理（Knowledge Representation and Reasoning）、语言处理（Speech Processing）、预测性分析（Predictive Analysis）、分布式人工智能（Distributed AI）、自然语言处理（Natural Language Processing）、机器人学（Robotics）、计算机视觉（Computer Vision）和控制方法（Control Methods）。整体上，不同种类人工智能技术对就业数量均具有正向影响，但不显著（见图 4–4）。

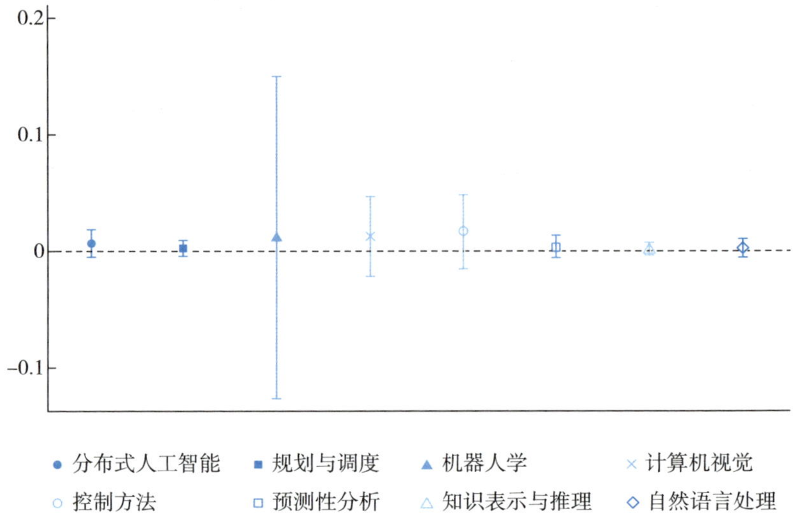


**图 4-4　不同人工智能技术发展水平对城市就业水平的影响**

资料来源：incoPat、《中国城市统计年鉴》。

注：纵轴代表回归系数大小和置信区间范围，横轴分别对应不同人工智能技术变量的回归结果。

## 二、人工智能发展与就业数量变化：基于微观调查数据

本部分进一步使用微观调查数据考察人工智能对劳动者就业水平的影响。微观数据来源于 2014—2020 年中国家庭追踪调查（CFPS）共计四轮调查数据。CFPS 中包含受访者所有工作收入、职业、行业、个体特征和家庭经济特

① 人工智能专利数据来自 incoPat。WIPO（2019）的分类方法将人工智能分为 9 类，但由于语言处理专利更多是从 2018 年之后开始出现，与本书的研究范围重叠较少，因此本节仅分析其余 8 类人工智能技术产生的影响。

征等变量，为本研究提供了较好的数据支撑。人工智能发展水平仍然采用城市层面人工智能企业数量来衡量，并取对数处理。此外，劳动者就业水平按如下方法衡量：如果劳动者当前工作状态为有工作，则就业水平为 1，否则为 0。控制变量包含个体、家庭和地区层面的变量，具体包括：劳动者年龄、性别、受教育程度、婚姻状况、健康程度、城乡、家庭人口规模、家庭净资产（取对数处理）。地区层面控制变量包括经济发展水平和产业结构，其中经济发展水平用人均 GDP 表征（取对数处理），产业结构使用第三产业占地区生产总值的比重表示。此外，我们将劳动者按照受教育程度划分为两类，将大专及以上学历劳动者界定为高技能劳动者，而将高中及以下学历劳动者界定为低技能劳动者。普通最小二乘回归结果如图 4–5 所示。

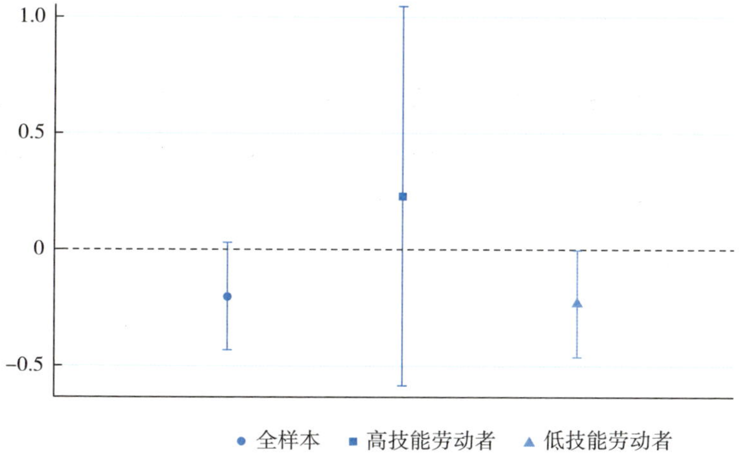


**图 4-5　人工智能发展对微观层面就业水平的影响**

注：纵轴代表回归系数大小和置信区间范围，横轴分别对应全样本、高技能劳动者和低技能劳动者样本的人工智能变量回归结果。此图报告的置信区间为 90% 置信区间，对应 10% 的统计显著性水平。本部分结果也使用了人工智能专利数据构建的 Bartik IV 进行稳健性检验，基本结论与图 4–5 的结果一致。

从全样本来看，人工智能发展水平对就业水平的影响不显著。分样本来看，其对低技能劳动者的就业数量具有显著的负向影响，对高技能劳动者就业数量的影响为正，但不显著。这表明人工智能创造的岗位更多地偏向对高技能劳动者的需求，而在一定程度上替代了执行简单重复任务的低技能劳动者，对其就业数量产生负向影响。

# 第三节 人工智能对就业质量的影响分析

本节结合宏微观数据，分别从城市和微观个体两个层面剖析人工智能对就业质量的影响。

## 一、人工智能发展与就业质量变化：基于城市数据

首先，就业质量指标使用第一章中城市就业质量的测度结果，人工智能发展水平指标采用城市人均人工智能企业数量进行测度。对二者进行相关性分析发现，人工智能发展水平与就业质量之间也呈现正相关关系（见图 4–6）。

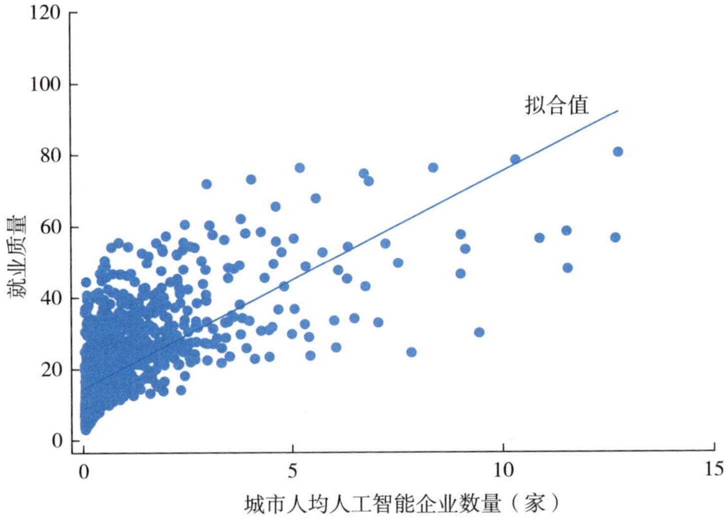


图 4-6　城市人工智能发展水平与就业质量相关性

控制变量与前一节相同，包括人均生产总值、公共支出占比、教育支出占比、产业结构、外资实际使用金额、人均邮电业务量。进行普通最小二乘回归发现，整体上，人工智能发展显著提升了就业质量水平（见图 4-7）。分区域来看，人工智能发展显著提升了东部地区和西部地区就业质量。相较于中部地区，东部地区高技能劳动力占比相对较高，劳动者能够更好地适应人工智能发展带来的变化与挑战，与人工智能发展匹配度高，从而提升了地区劳动生产率和就业质量水平。对西部地区而言，人工智能技术发展带来了传统行业的改造升级，对于改善劳动条件、提升工作满意度等有更显著的积极影响，因此对西部地区就业质量提升作用显著。

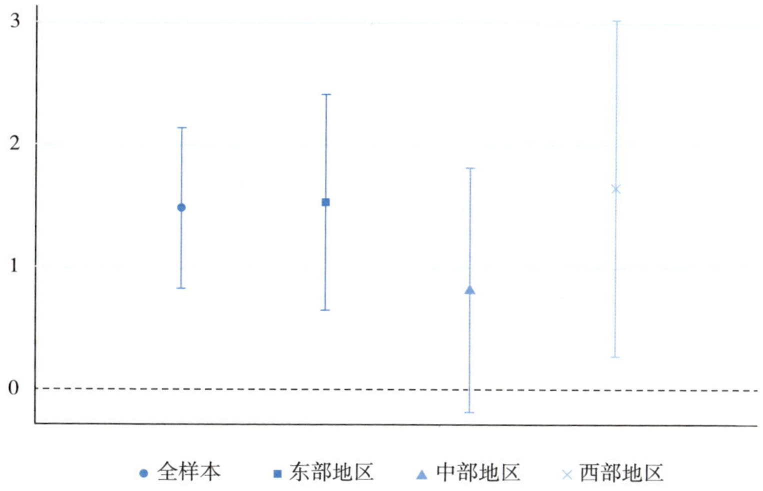


**图 4-7　人工智能发展对城市就业质量的影响**

注：纵轴代表回归系数大小和置信区间范围，横轴分别对应全样本、东部地区、中部地区和西部地区的人工智能变量回归结果。本部分结果也使用了人工智能专利数据构建的 Bartik IV 进行稳健性检验，基本结论与图 4-7 的结果一致。

分维度来看，人工智能对职工工资报酬和养老保险覆盖率、医疗保险覆盖率提升均具有显著的促进作用，但对城镇单位就业比例具有负向影响。分区域来看，人工智能显著提升了东部地区和中部地区的工资报酬水平，对中西部地区的城镇单位就业比例具有显著的负向作用。从劳动保障水平来看，人工智能对东部地区和西部地区养老保险覆盖率的正向影响显著，对东部地区医疗保险覆盖率具有显著正向作用。综合分析发现，人工智能对工资报酬、就业环境和劳动保障的正向作用主要集中在东部地区（见图 4–8）。

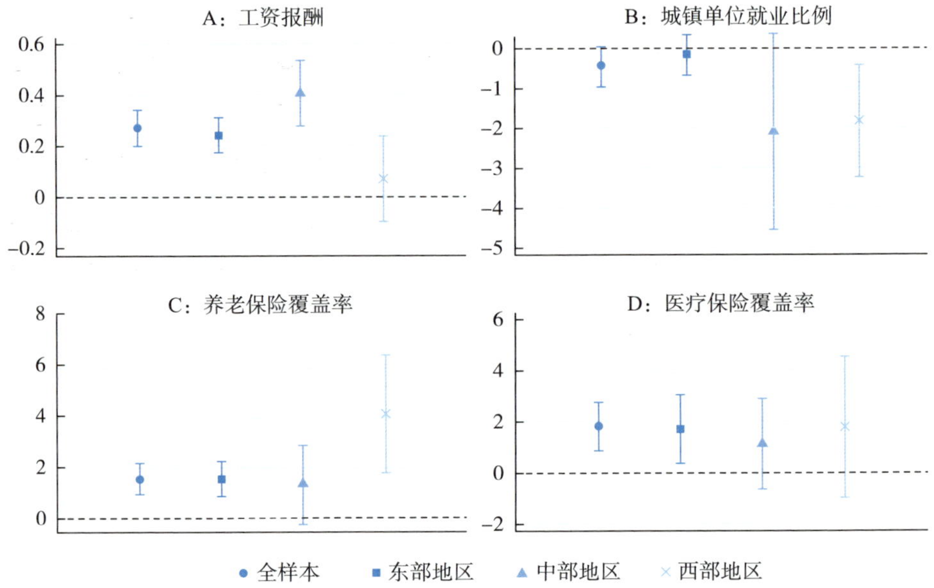


**图 4-8　人工智能发展对城市就业质量的影响（分维度）**

注：纵轴代表回归系数大小和置信区间范围，横轴分别对应全样本、东部地区、中部地区和西部地区的人工智能变量回归结果。本部分结果也使用了人工智能专利数据构建的 Bartik IV 进行稳健性检验，基本结论与图 4–8 的结果一致。

不同人工智能技术整体上对就业质量有显著正向影响（见图 4–9）。其中，机器人技术对就业质量的正向影响最大。这可能是由于机器人技术有较为广泛的应用场景。例如在医疗领域，智能机器人可以协助医生进行手术操作，减少手术风险和提高手术精确度；在工业领域，智能机器人可以在一些危险或恶劣的环境中代替人类完成任务，降低了人员伤害风险，改善劳动者的工作条件。

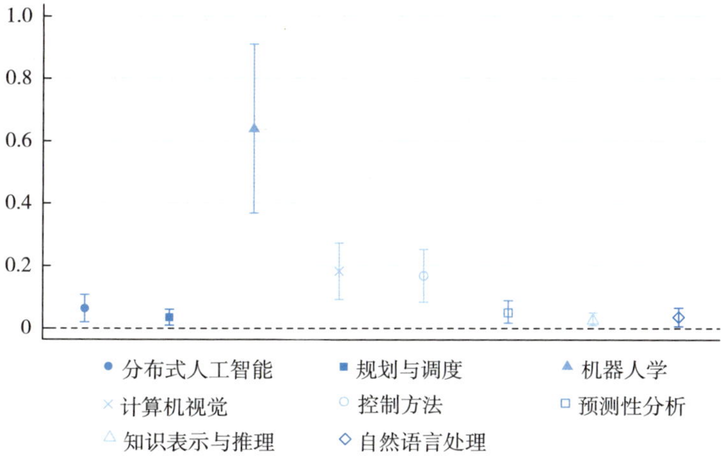


图 4-9　不同人工智能技术对就业质量的影响

资料来源：incoPat、《中国城市统计年鉴》。
注：纵轴代表回归系数大小和置信区间范围，横轴分别对应不同人工智能技术变量的回归结果。

## 二、人工智能发展与就业质量变化：基于微观调查数据

进一步采用微观调查数据考察人工智能对劳动者就业质量的影响发现，结果与上文一致（见图 4-10）。微观数据来源于 2014—2020 年中国家庭追踪调查（CFPS）共计四轮调查数据。从全样本的结果来看，人工智能对劳动者就业质量影响不显著。分样本的结果显示，人工智能对高技能劳动者就业质量具有正向影响，而对低技能劳动者就业质量具有显著的负向影响，且在 10% 的统计水平下显著，这是由于人工智能对于低技能劳动者存在替代效应，导致低技能劳动者被迫转岗，进入到门槛更低的次级劳动力市场中，对其工资收入、劳动保障水平和工作满意度等方面产生负向影响。对高技能劳动者而言，人工智能创造新的岗位和任务，一方面增加了对高技能劳动者的需求，另一方面与高技能劳动者形成互补，提高了其工作效率，拓展了高技能劳动者执行任务的边界，从而对其就业质量产生正向影响。

基于基准回归分析，进一步从微观视角探讨人工智能对不同技能水平劳动者就业质量影响的机制，考察人工智能是否对不同技能劳动者的教育—职业

匹配度产生影响，从而使得两个群体的就业质量产生差异。研究发现，人工智能对高技能劳动者的教育—职业匹配度没有显著影响；但对于低技能劳动者而言，人工智能发展显著提升低技能劳动者的教育—职业过度匹配概率，从而降低了劳动者人力资本利用率，使劳动者容易对职业发展前景产生负面评价，进而对其就业质量产生负面影响（见图 4–11）。

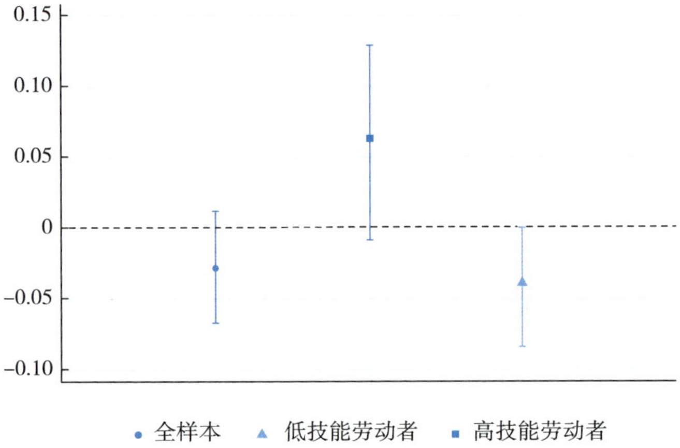


**图 4-10　人工智能发展对不同技能水平劳动者就业质量的影响**

注：纵轴代表回归系数大小和置信区间范围，横轴分别对应全样本、高技能劳动者和低技能劳动者样本的人工智能变量回归结果。此图报告的置信区间为 90% 置信区间，对应 10% 的统计显著性水平。

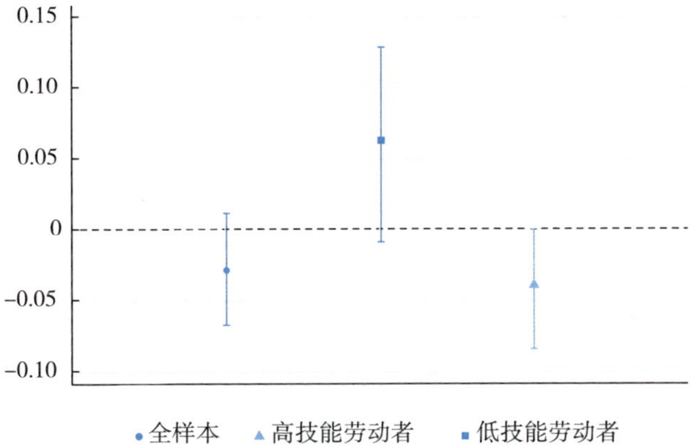


**图 4-11　人工智能发展对不同技能水平劳动者教育—职业匹配度的影响**

注：纵轴代表回归系数大小和置信区间范围，横轴分别对应高技能劳动者和低技能劳动者样本的人工智能变量回归结果。此图报告的置信区间为 90% 置信区间，对应 10% 的统计显著性水平。本部分结果也使用了人工智能专利数据构建的 Bartik IV 进行稳健性检验，基本结论与图 4–11 的结果一致。

# 第四节 人工智能对高质量充分就业动态影响分析

前文分别分析了人工智能对就业数量和就业质量的影响，本节将分析人工智能对高质量充分就业的影响。根据前文对高质量充分就业内涵的界定，它既包含就业的高质量要求，又包含就业的充分性要求，这两个目标在经济周期运行的不同阶段，将会有不同的权重和优先序。在经济处于下行阶段时，扩大就业容量成为宏观调控的优先目标，在该阶段人工智能的应用应重点关注提升生产效率和创造新就业机会。人工智能技术可通过智能化生产流程，提升生产效率并降低生产成本，进而扩大生产规模，创造更多的就业机会。此外，人工智能技术的发展也往往伴随新兴产业和岗位的出现，需要对劳动者进行技能培训，使被人工智能替代的劳动者能够转型到新岗位和新职业，进而增加就业总量。在经济处于景气阶段时，在实现充分就业目标的基础上也需兼顾提升就业质量，改善劳动者工作环境、提升薪酬待遇、优化职业发展前景等。在该阶段，政府应引导人工智能技术朝着提升就业质量的方向发展。一方面，机器人技术的广泛和深入应用，可以减轻劳动强度、改善工作环境。例如在制造业中，智能机器人可以承担危险、繁重和恶劣环境下的工作，从而改善劳动者工作环境。另一方面，人工智能技术发展创造了更多高附加值职业，例如大语言模型等的发展和应用，可以通过人机协作大幅提升生产效率，使得劳动者更专注地从事创造性强、附加值高的工作，从而提升就业质量。

本节将利用城市层面数据进一步分时间段进行计量分析[①]，结果如图 4-12 所示。从长期来看，人工智能对就业水平的正向影响减小，对就业质量的正向

① 本节进一步加入 2020—2022 年数据，并将样本分为三个时间段，分别是 2011—2015 年、2016—2019 年、2020—2022 年。

影响也呈现逐渐递减的趋势。进一步分阶段来看，2011—2015 年人工智能对就业水平的正向作用在 5% 的水平下显著，2016—2019 年人工智能对就业水平的影响为负，但不显著，2020—2022 年人工智能对就业水平的影响为正，但系数相较于 2011—2015 年大幅度减小。从就业质量来看，人工智能对就业质量均具有显著的正向影响，但这种影响呈现递减的趋势。综上，随着人工智能的发展，未来其对就业数量的影响存在一定的不确定性。同时，结合上文的分析结果来看，人工智能主要挤出了低技能劳动者，对其就业产生负面作用。因此，从发展趋势来看，需要重点关注低技能劳动者群体，加强职业培训，为其提供技能提升的机会，同时引导人工智能技术在多个行业中的应用，创造新的就业机会，特别是需要劳动力参与操作、维护和支持 AI 技术的岗位。

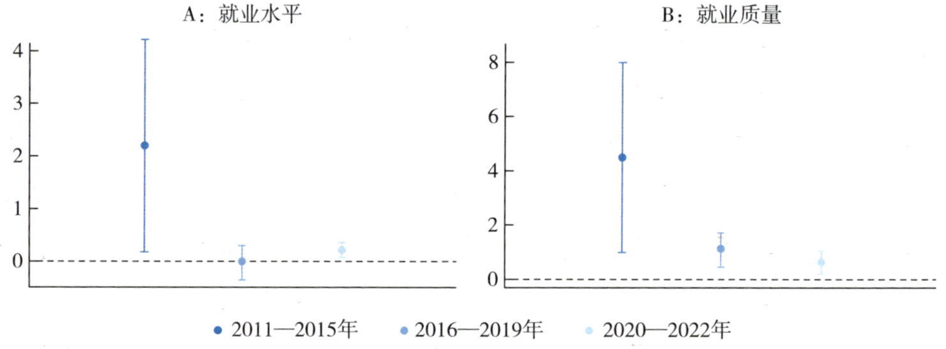


**图 4-12　不同时期人工智能对高质量充分就业的影响**

注：纵轴代表回归系数大小和置信区间范围，横轴分别对应 2011—2015 年、2016—2019 年、2020—2022 年三个时期人工智能变量的回归结果。

综上，人工智能对高质量充分就业的影响在不同经济发展阶段的侧重点有所不同。在经济发展下行阶段，需要对劳动者进行技能培训，尤其是被人工智能替代的低技能劳动者，使其能够转型到新岗位和新职业，从而实现稳就业的目标。在经济发展景气阶段，人工智能技术发展的重点则聚焦在提升就业质量上，通过改善工作条件和创造高附加值的职业来实现高质量就业。在不同经济发展阶段，政策制定者需要因地制宜地制定相应的政策和措施，以充分挖掘人工智能技术的潜力，推动实现高质量充分就业。

# 第五节　案例分析

当前，以人工智能技术发展为基础，以多领域多场景渗透应用为突破口，以生产效率、创新驱动和组织形式变化为基本特征的智能经济新形态快速涌现，对就业变革与劳动关系重塑形成挑战。以“萝卜快跑”为例，这是一项由百度推出的无人驾驶出租车服务，采用先进的人工智能技术和多传感器融合系统，实现在城市道路上的全自动驾驶。自动驾驶技术在提升效率的同时，也对传统司机就业带来冲击。截至 2024 年 5 月，我国注册网约车司机已超过 700 万人①。萝卜快跑的快速发展引起了关于“抢饭碗”的讨论，凸显了人工智能技术发展对就业的深远影响。

一方面，自动驾驶产业发展重构就业结构。自动驾驶技术将减少对传统司机的需求，同时创造出新的就业岗位，如技术维护、运营、远程监控、数据分析等，这些岗位对知识和技能水平要求更高。短期内，自动化驾驶技术由于成熟度和普及率较低，对就业的替代效应较小，但长期来看，智能化程度提高可能导致失业风险增加。多种新就业形态涌现，对劳动者工作时长、就业条件、劳动报酬、职业安全、劳动关系、劳动保障等产生多重影响。就业的技能结构、岗位结构重构将会对重点就业群体（如农民工和灵活就业群体）产生较大影响。

另一方面，自动驾驶产业发展重塑劳动关系，主要体现在以下几个方面。

一是运营主体关系变化。自动驾驶车辆的运营主体不再是司机个人，而是出行服务平台或自动驾驶技术公司。同时，公司仍然需要雇用安全员对运营进行监督与远程指导。在新的模式下，劳动关系可能变为平台与后台安全员、乘

① 数据来源：网约车监管信息交互系统统计数据。

客之间的关系，涉及劳动合同主体、工作时间、薪酬福利等方面的调整。

二是数据权益关系变化。自动驾驶车辆产生大量用户数据和行驶数据，数据主体间的权益关系发生深刻变化。一是数据主体多元化。乘客的个人信息、出行轨迹等数据受到关注。自动驾驶车辆、安全员本身成为新的数据主体，其产生的海量行驶数据、感知数据等具有重要价值。道路基础设施、其他车辆、行人等也成为数据产生者，其数据权益也需得到保障。二是数据类型复杂化。自动驾驶技术需收集的数据涉及乘客隐私和个人信息，需要严格保护。车辆行驶数据、传感器数据（如摄像头、雷达等）及其与周围环境交互产生的数据（如道路状况、交通流量等），对车辆安全、交通管理、城市规划等具有重要价值。三是数据安全面临挑战。自动驾驶数据泄露可能导致严重后果，如隐私泄露、车辆被攻击等，如何平衡数据利用与隐私保护亟须关注。

三是技能供需关系发展。自动驾驶技术发展迅速，但短期内仍需适应路况。自动驾驶车辆的维护和管理等工作将更加依赖技术和数据分析，传统司机需要转岗为后台安全员，这需要其学习和掌握新的监控和管理技能以适应新的工作要求。平台和有关部门应提供相应的培训和职业发展机会，保障转岗司机的可持续就业。

基于人工智能发展对劳动者就业的影响和劳动关系的改变，工会需要进一步明确在智能经济变革中的角色定位，可以从以下几个方面着手。

一是健全劳动者就业促进机制。工会应把握智能经济发展态势，研究人工智能对高质量充分就业的影响机制，积极参与人工智能相关行业政策制定，推动建立促进劳动者高质量充分就业的政策法规。

二是维护劳动者权益保护机制。工会应关注自动驾驶技术对就业与劳动关系等的影响态势，既关注短期，又着眼长远，代表劳动者与企业、政府进行协商，维护劳动者的合法权益，确保职工得到公平对待。

三是完善技能培训与转岗机制。工会应推动建立适应智能经济发展态势的相关职业技能培训体系，通过有效的信息化手段提供培训资源和就业信息，帮助传统就业者提升技能，实现转岗就业，适应新的就业环境。

# 本章小结

本章从理论和实证两个方面分析人工智能影响高质量充分就业的机制和效应。

首先，理论分析发现，人工智能影响就业数量的机制包括就业替代机制、就业创造机制和生产率机制，而人工智能对就业数量的影响取决于三种效应的动态平衡。在就业质量方面，从宏观区域层面看，人工智能通过促进生产力提高和产业结构优化转型提升就业质量水平；从微观视角看，人工智能通过重塑技能结构，对不同技能水平劳动者就业质量产生异质性影响。

其次，从城市和微观个体两个层面剖析人工智能对劳动者就业数量的影响。在城市层面，人工智能发展水平越高，城市的就业数量也越高，且对东部地区的正向影响显著。在微观个体层面，人工智能对低技能劳动者就业数量具有负向影响，表明人工智能更多创造需要高技能劳动力的岗位，且在一定程度上替代执行简单重复任务的低技能劳动者。

再次，基于城市和微观个体两个层面分析人工智能对就业质量的影响。城市层面结果显示，人工智能发展提升了就业质量，且对东部地区就业质量影响显著。分维度来看，人工智能对职工工资报酬、养老保险覆盖率、医疗保险覆盖率提升均有促进作用，但对城镇单位就业比例具有一定的负向影响。分区域来看，人工智能对城市就业质量的促进作用主要体现在东部地区和西部地区。微观数据分析发现，人工智能降低了低技能劳动者的就业质量，且提高了低技能劳动者的教育—职业过度匹配概率，表明人工智能发展使得劳动力需求下降和人力资本利用率降低，进而导致低技能劳动者就业质量降低。

然后，分析了高质量充分就业目标在经济发展不同阶段的不同侧重点，在经济下行阶段，需要重点关注充分就业目标，而在经济景气阶段，在实现充分就业的基础上也需要兼顾提升就业质量。进一步考察了不同时间段人工智能对就业数量和就业质量的影响，长期来看人工智能对就业数量的影响存在一定的不确定性，需要重点关注低技能劳动者，培养其可持续发展的就业能力，推动实现高质量充分就业。

最后，结合人工智能发展背景下的“萝卜快跑”案例，探讨智能经济对劳动者高质量充分就业带来的挑战和机遇。智能经济新形态快速涌现，引起就业变革与劳动关系重塑。长期来看，智能化水平的提升可能导致失业风险增加，同时重塑劳动关系，需要关注劳动者的权益保障问题。应积极健全劳动者就业促进机制、权益保护机制和技能培训与转岗机制，实现智能经济时代高质量充分就业。

# 第五章　人工智能影响高低技能劳动者就业动态的机制分析

## 关键发现

- 总体趋势显示，人工智能的发展可能导致更多高技能劳动者的工作出现中断，原因在于人工智能创造了更多就业岗位和工作机会，使得劳动力更频繁地更换工作，且失业时间缩短。
- 人工智能对高技能劳动力的潜在影响存在年龄异质性和行业异质性，导致并非所有劳动者都能受益于人工智能的发展。例如，在汽车制造业中，由于自动化技术替代了部分岗位，失业风险加大。
- 人工智能的发展促进了劳动力市场的动态变化，提高了高技能劳动者的跨行业流动性，有利于员工寻求更合适的岗位。

# 第一节　人工智能发展的行业分布

第四章指出，人工智能的发展对劳动者的就业数量与质量产生了深远而广泛的影响。为深入探讨人工智能影响就业的具体机制，本章将首先关注拥有高等教育学历的高技能劳动力，分析人工智能发展对其就业状况与职业流动的潜在影响。衡量各行业人工智能发展程度的指标选取为人工智能相关专利申请量；就业状况的衡量指标包括工作是否中断、工作中断的持续时间以及工作变动的频率；流动状况则以劳动力跨行业流动的可能性为主要衡量标准。随后，本章将进一步从行业类别、人工智能技术类型以及劳动者年龄等维度，深入探讨人工智能发展对高技能人才的上述影响。最后，通过案例分析，本章还将研究人工智能发展对较低技能劳动者就业状况的潜在影响。

图 5–1 展示了截至 2024 年 5 月各行业人工智能专利累计申请量的分布情况。其中，互联网和相关服务业与软件和信息技术服务业的占比分别为 22.2% 和 19.1%，表明这些行业对人工智能专利申请的贡献较大；计算机、通信和其他电子设备制造业占比为 22.4%，反映出该行业在推动人工智能技术发展方面的重要作用；金属制品、机械和设备修理业的占比为 14.7%，反映出该行业是推动人工智能技术发展的重要参与者；其他未列出的行业占比较小，仅为 1.62%，对人工智能技术发展的推动作用相对有限。

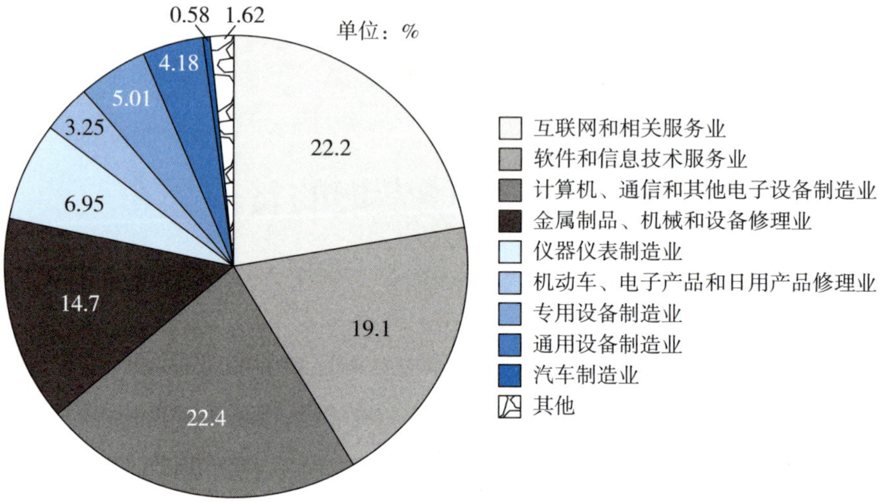


**图 5-1　截至 2024 年 5 月各行业人工智能专利申请量占比**

资料来源：incoPat。

从各行业的占比分布来看，互联网和相关服务业以及软件和信息技术服务业在人工智能应用方面的集中度较高，表明这些领域正在快速转型，并利用人工智能技术提升竞争力和服务质量。人工智能技术推动了互联网行业的快速发展，并通过数据处理和智能决策提升了业务效率。相比之下，汽车制造业和其他传统制造行业的占比相对较小，表明它们在人工智能技术应用方面面临一定挑战。图 5-1 中各行业的人工智能专利申请量占比也反映了未来的技术发展方向，互联网和相关服务业以及软件和信息技术服务业处于领先地位，可能吸引更多投资和人才。

# 第二节　人工智能发展与人才就业

图 5-2 展示了人工智能发展水平与工作中断可能性的关系。横坐标为各行业人工智能发展水平的标准化数值，范围为 0~1；纵坐标表示工作中断可能性，取值为 0~1，其中 1 表示工作中断。整体来看，图 5-2 显示人工智能发展水平与工作中断可能性之间存在正相关关系，表明人工智能技术较为先进的行业可能面临更高的工作中断风险。

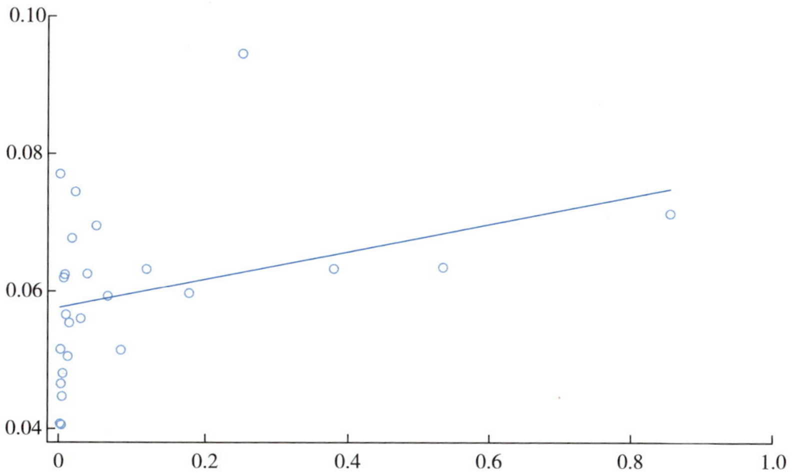


图 5-2　人工智能发展水平与工作中断可能性的关系

资料来源：incoPat、午马猎头人才数据库。

注：横轴表示人工智能发展水平；纵轴表示工作中断可能性。

图 5-3 具体地展示了分行业人工智能发展水平与工作中断可能性的关系，行业的选取参照图 5-1 中人工智能相关专利申请量占比较高的行业。每个子图分别对应一个行业（A 图到 F 图）。与总样本结果一致的是，汽车制造业（B 图），计算机、通信和其他电子设备制造业（C 图），仪器仪表制造业（D 图），

互联网和相关服务业（E 图）以及软件和信息技术服务业（F 图）的人工智能发展水平与高技能劳动者工作中断可能性呈正相关关系。

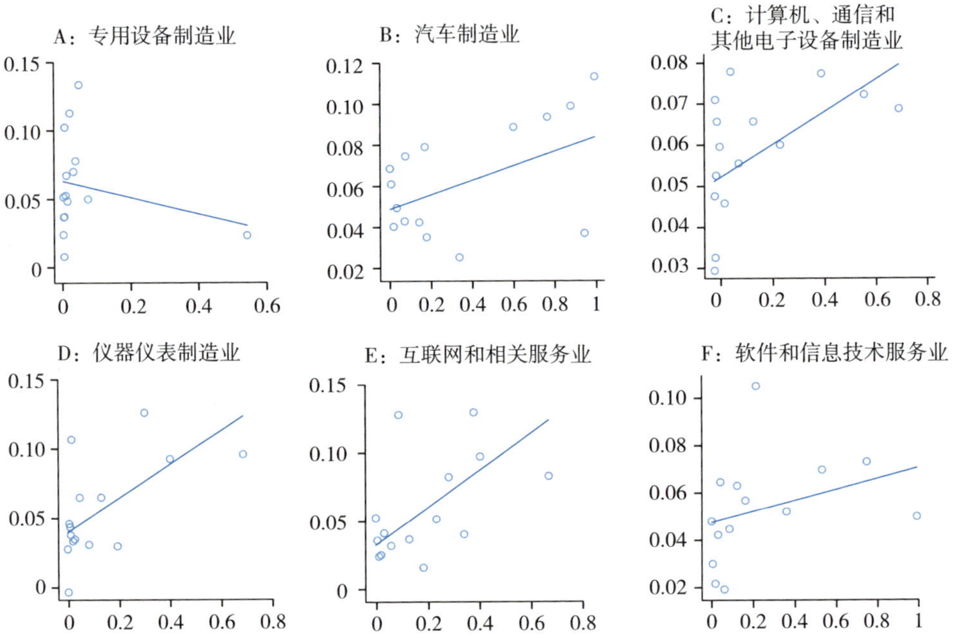


**图 5-3　分行业人工智能发展水平与工作中断可能性的关系**

资料来源：incoPat、午马猎头人才数据库。

注：横轴表示人工智能发展水平；纵轴表示工作中断可能性。

上述相关性可能是由于人工智能技术使得重复性和规则明确的工作易于被替代，导致岗位减少和失业。同时，人工智能技术的快速进步使得一些高技能岗位也面临被替代的风险。例如，复杂的数据分析、财务咨询和法律服务等领域的人工智能应用能够高效处理大量信息并做出决策，从而减少对专业人士的需求。此外，随着人工智能在工作流程中的日益普及，高技能劳动力可能需要不断更新和提升技能，与智能系统协同工作，因此技能培训也可能导致暂时性的工作中断。最后，在这些人工智能发展水平较高的行业中，人工智能系统能够迅速优化工作流程和提高效率，从而导致现有职位的性质和职责发生改变，使得员工不得不寻求新的机会以适应这些变化。随着企业越来越强调持续学习和技能提升，员工可能倾向于通过跳槽寻求更适合自身职业发展和技能提升的岗位，以保持竞争力，这种现象也会造成更多的暂时性工作中断（见图 5–4）。探讨人工智能发展对高技能人才就业的影响，需要进一步分析人工智能发展对个体的工作中断时长、员工工作流动率，以及劳动力的跨行业流动情况的影响。

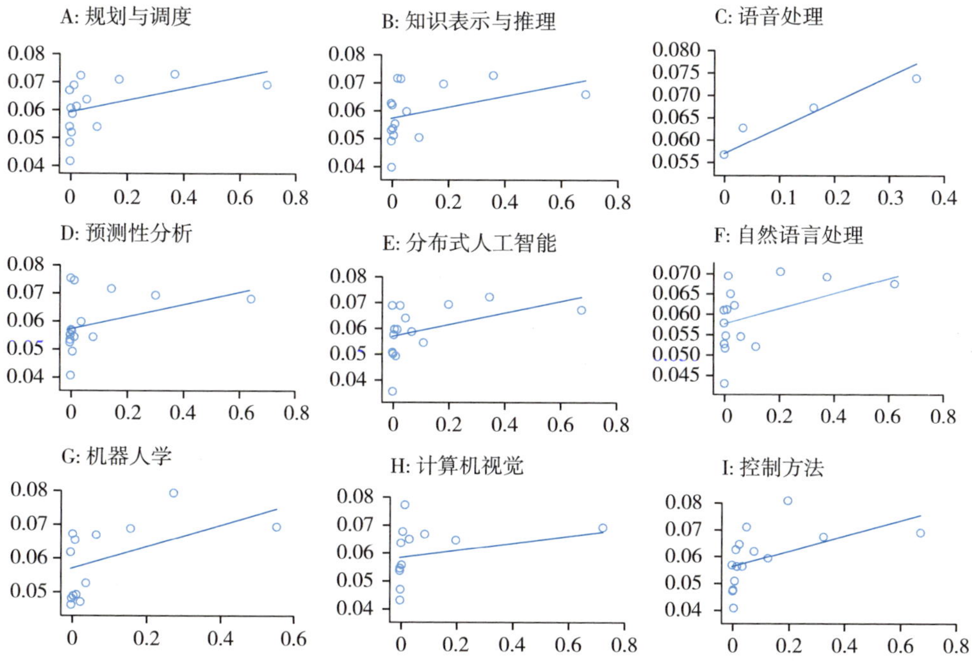


**图 5-4　分技术人工智能发展水平与工作中断可能性的关系**

资料来源：incoPat、午马猎头人才数据库。

注：横轴表示人工智能发展水平；纵轴表示工作中断可能性。

图 5–5 展示了分年龄段的高技能劳动力受人工智能发展的潜在影响。可以看出，随着人工智能发展水平的提高，年龄小于等于 40 岁和年龄大于 40 岁的群体均表现出更多工作中断的可能性。

图 5–6 展示了人工智能发展水平与工作中断持续时长（月）之间的关系。可以看出，二者整体呈现出负相关关系，散点分布和趋势线向下倾斜，表明随着人工智能发展水平的提高，工作中断的时长会减少。这说明在人工智能发展水平高的行业中，求职者更容易找到新的工作机会。

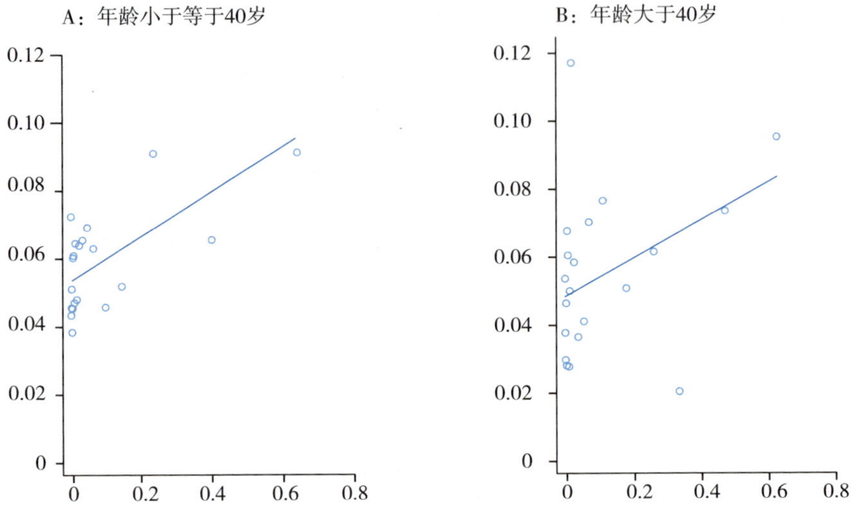


**图 5-5　分年龄段的人工智能发展水平与工作中断可能性的关系**

资料来源：incoPat、午马猎头人才数据库。

注：横轴表示人工智能发展水平；纵轴表示工作中断可能性。

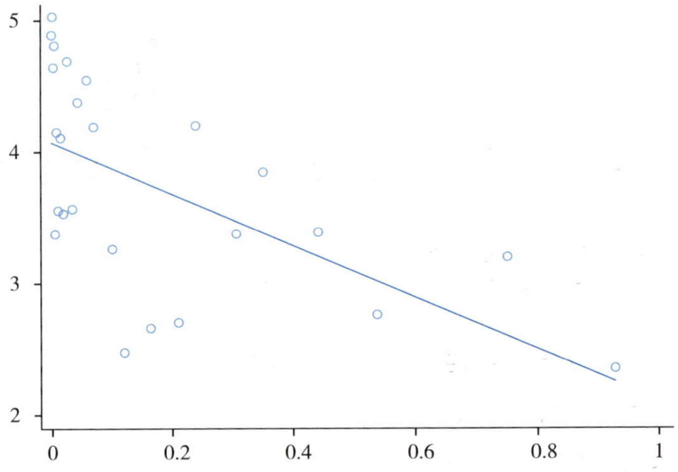


**图 5-6　人工智能发展水平与工作中断时长的关系**

资料来源：incoPat、午马猎头人才数据库。

注：横轴表示人工智能发展水平；纵轴表示工作中断时长，单位为月。

产生上述现象的原因主要在于这些行业不断涌现新的岗位和需求。随着人工智能技术的迅速发展，许多新兴职位应运而生，如数据科学家、人工智能训练师和机器学习工程师等，为求职者提供了大量的就业机会。此外，这些行业通常具有较高的成长性，能够吸引更多企业参与其中，从而创造出更多高薪的工作岗位。因此，在这些行业中，劳动者能更容易地找到与自身技能相匹配的高薪工作。

分行业分析发现，计算机、通信和其他电子设备制造业（见图 5-7C），仪器仪表制造业（见图 5-7D），互联网和相关服务业（见图 5-7E）以及软件和信息技术服务业（见图 5-7F）的人工智能发展水平对工作中断时长的影响与全样本结果保持一致，均表现为负相关关系。不同的是，在汽车制造业中，人工智能发展水平越高工作中断时长越长，这表明在汽车制造业中，人工智能的发展可能造成更多劳动者失业。分技术分析发现，各类人工智能技术的发展均与工作中断时长呈负相关关系，且与全样本结果保持一致（见图 5-8）。

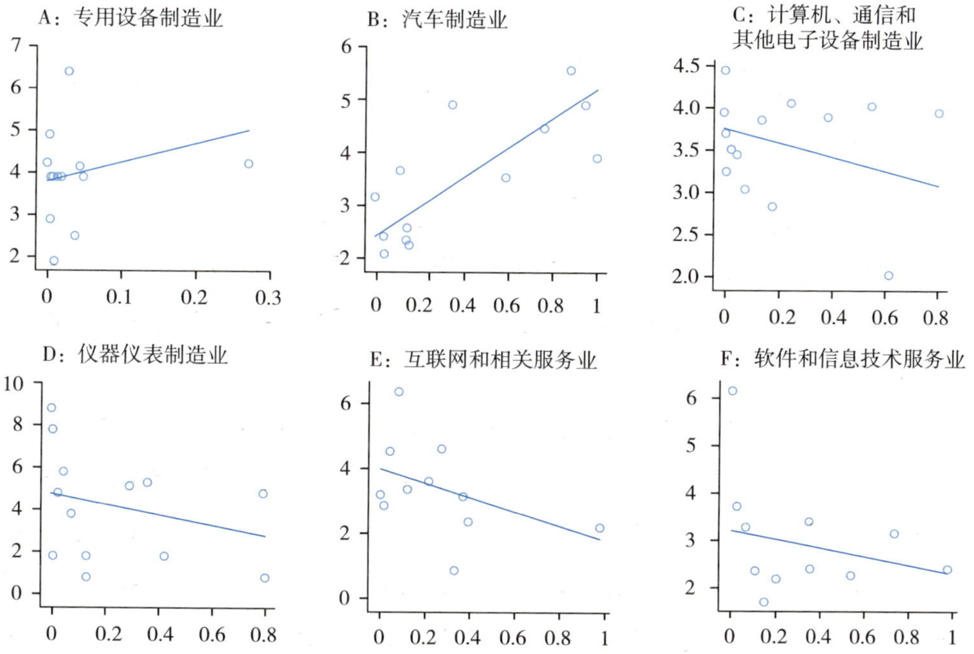


**图 5-7　分行业人工智能发展水平与工作中断时长的关系**

资料来源：incoPat、午马猎头人才数据库。

注：横轴表示人工智能发展水平；纵轴表示工作中断时长，单位为月。

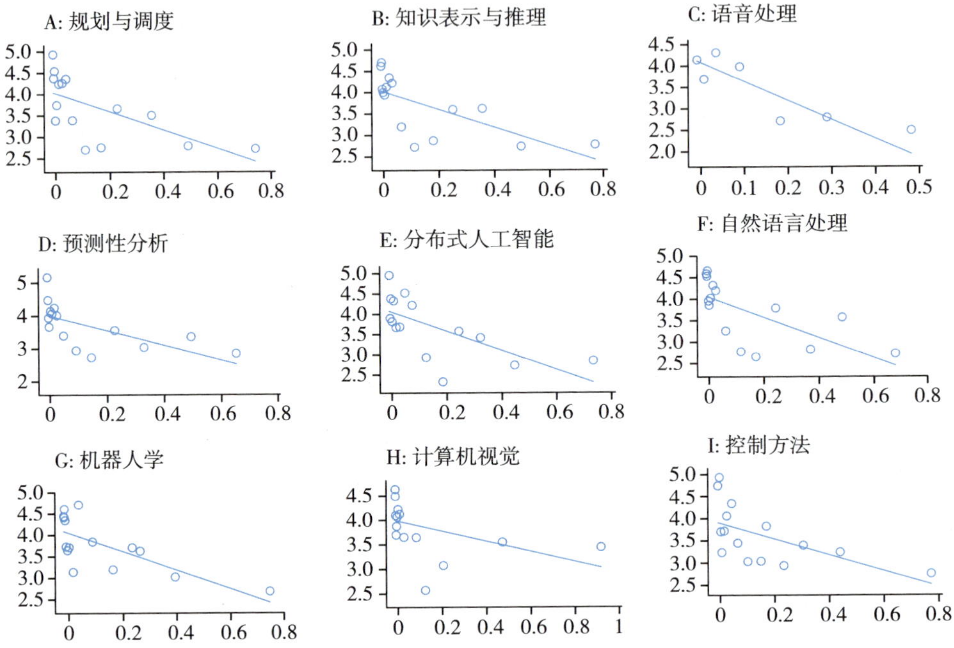


**图 5-8　分技术人工智能发展水平与工作中断时长的关系**

资料来源：incoPat、午马猎头人才数据库。

注：横轴表示人工智能发展水平；纵轴表示工作中断时长，单位为月。

人工智能发展对工作中断时长的潜在影响存在行业异质性，重点体现在对汽车制造业的劳动力工作中断时长影响异于全样本的结果。出现这一现象的原因包括以下几点。

首先，与汽车制造业相比，其他行业（例如互联网和相关服务业以及软件和信息技术服务业）受益于人工智能的集成与应用，推动了新型服务的产生与发展，如数据分析、在线营销、个性化推荐等，从而创造了更多就业机会，促进了对高技能人才需求。而在汽车制造业，人工智能技术主要用于自动化生产和流程优化。自动化技术的发展减少了对劳动力的需求，因此可能导致行业就业机会的减少。国际机器人联合会发布的《2023 世界机器人报告》显示，中国是全球规模最大的工业机器人市场。2022 年，年度安装量达到了 290258 台，同比增长了 5%。这些工业机器人主要应用于电子电器行业和汽车行业，全球汽车行业中的工业机器人中有 54% 在中国。

其次，随着人工智能技术的发展，新兴行业（例如互联网和相关服务业以及软件和信息技术服务业）对技术和创新的关注度增加，对具备技术背景和创新能力的专业人才的需求上升。反观汽车制造业，引入人工智能技术意味着许多传统岗位劳动者的技能可能不再适用，进而导致其失业或岗位消失。

最后，与汽车制造业相比，互联网和相关服务业等行业通常更容易适应并应用新技术，迅速更新就业结构，吸引年轻人才，推动就业率增长。而汽车制造业可能面临技术转型的挑战，企业在转型过程中可能选择裁员以降低成本，导致整体就业率下降。

综上所述，人工智能的发展为互联网和相关服务业以及软件和信息技术服务业等行业创造了更多就业机会，而汽车制造业则因高度自动化导致就业机会减少。

图 5-9 进一步展示了分年龄段人工智能发展水平与高技能劳动力工作中断时长之间的关系，可以看出人工智能发展对各年龄段劳动力的差异化影响。具体而言，图 5-9 中显示的人工智能发展引起的工作中断时长减少主要来自年龄小于等于 40 岁（A 图）的高技能劳动力群体，而这一现象并未出现在年龄大于 40 岁（B 图）的劳动群体中，表明可能只有较年轻的劳动者群体更多受益于人工智能的发展。

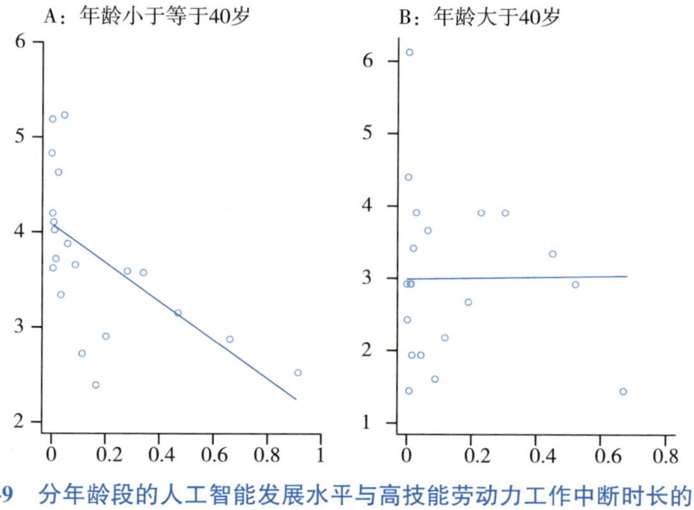


**图 5-9　分年龄段的人工智能发展水平与高技能劳动力工作中断时长的关系**

资料来源：incoPat、午马猎头人才数据库。

注：横轴表示人工智能发展水平；纵轴表示工作中断时长，单位为月。

图 5-10 显示了人工智能发展水平与劳动力市场中人才工作变动频率之间的关系。随着人工智能发展水平的提高，员工的工作流动性呈现出增加的趋势。更频繁的工作更换可能是由于技术的快速变化和市场需求的动态演化，促使企业不断调整岗位和职责。员工可能寻求更能发挥自己技能的岗位，这带来了更多的职业机会和职业路径选择。同时，企业对技能的重视，也使得员工需要不断提升和更新自己的能力以维持竞争力，从而增强了员工对更好的职业发展的渴望和转换工作的意愿，增加了员工的就业流动性。此外，企业为了吸引人才，在工资待遇和工作环境等方面开展的竞争也可能激励员工主动更换工作，寻求更好的发展空间。这些因素导致了员工的工作流动性加大。

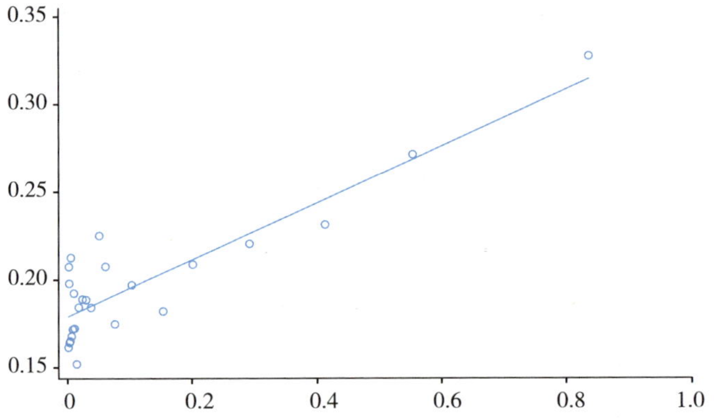


**图 5-10　人工智能发展水平与工作变动频率的关系**

资料来源：incoPat、午马猎头人才数据库。

注：横轴表示人工智能发展水平；纵轴表示工作变动频率，单位为次。

结合图 5-2、图 5-6 和图 5-10 来看，在总样本情况下，人工智能的发展增加了劳动力市场中高技能劳动者工作中断的可能性。这种工作中断可能是由于人工智能带来了更多新岗位和工作机会，体现为高技能劳动力更换工作的频率提高以及更换工作的时间间隔缩短。

为进一步了解人工智能发展对劳动者影响的异质性，分行业和分技术分析人工智能发展水平与工作变动频率的关系。图 5-11 显示，人工智能发展对专用设备制造业和汽车制造业劳动者工作变动频率的影响与其对其他行业的影响明显不同。这说明人工智能发展对劳动力市场的潜在正向影响尚未体现在汽车制造业和专用设备制造业中。尤其对于汽车制造业，其人工智能水平的提高带来了更多高技能人才工作中断的可能，而出现这一现象并不是因为行业内职位和工作机会增加：图 5–11B 显示其高技能劳动力更换工作的频率保持不变，但图 5–7B 显示其低技能劳动力寻找新工作的时间间隔却变长。图 5–12 显示，各类人工智能技术的发展对工作变动频率的影响也与全样本结果保持一致，二者呈现出明显的正相关关系。

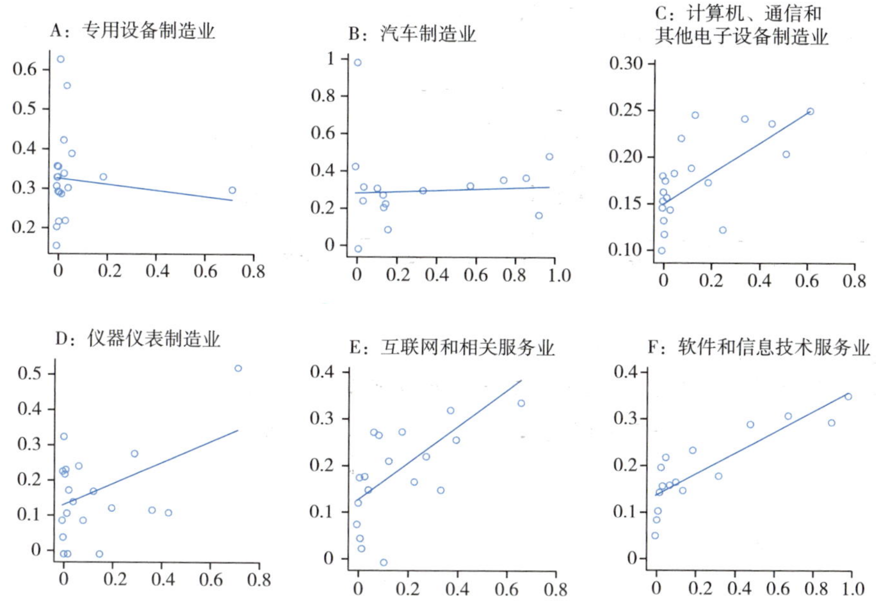


**图 5-11　分行业人工智能发展水平与工作变动频率的关系**

资料来源：incoPat、午马猎头人才数据库。

注：横轴表示人工智能发展水平；纵轴表示工作变动频率，单位为次。

图 5–13 展示了按年龄分组后人工智能的发展对高技能劳动力工作变动频率的潜在影响。与图 5–9 的结果一致，人工智能的发展对工作变动频率的潜在影响在年龄小于等于 40 岁的劳动群体中体现得较为明显，而年龄大于 40 岁的劳动力群体并未受到明显影响。

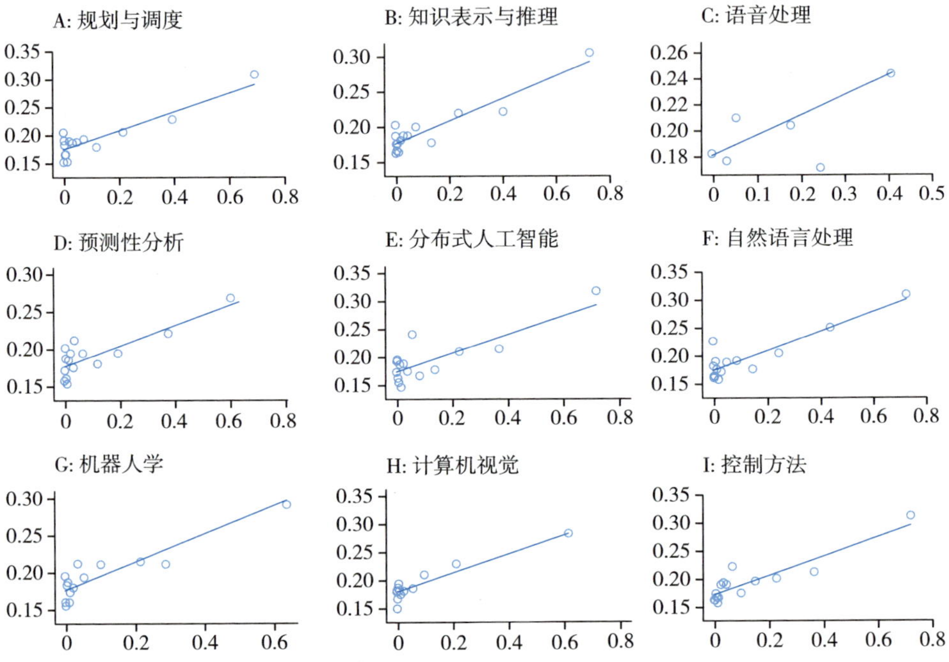


图 5-12　分技术人工智能发展水平与工作变动频率的关系

资料来源：incoPat、午马猎头人才数据库。

注：横轴表示人工智能发展水平；纵轴表示工作变动频率，单位为次。

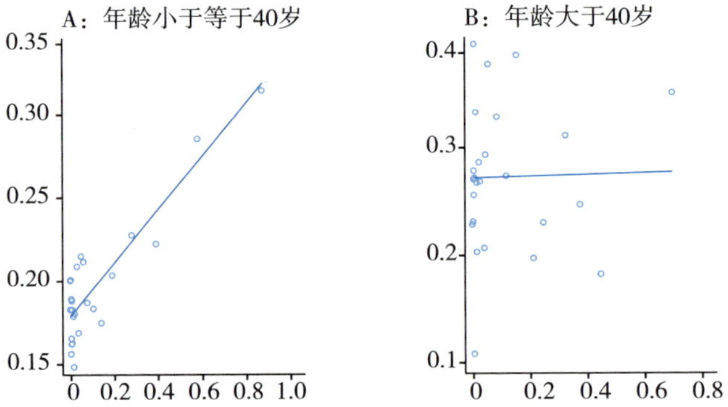


图 5-13　分年龄段的人工智能发展水平与工作变动频率的关系

资料来源：incoPat、午马猎头人才数据库。

注：横轴表示人工智能发展水平；纵轴表示工作变动频率，单位为次。

# 第三节　人工智能发展与人才跨行业流动

图 5-14 展示了人工智能发展水平与劳动力市场中人才跨行业流动可能性的关系。其中，人才跨行业流动状况取值为 0 或 1，若人才发生跨行业流动，则取值为 1。二者之间呈正相关关系，表明随着人工智能的发展，劳动者跨行业流动的比例逐渐增加。这一现象可能反映了人工智能提高了人力资源的灵活性，从一个行业转换到另一个行业的机会增多。人工智能的应用可能导致部分行业的整合与创新，进一步推动人才在不同行业间的流动。例如，传统行业与科技行业的结合，可能使具有技术背景和管理技能的员工更具市场竞争力。此外，人工智能的发展也可以提高工作环境的灵活性，使远程工作和跨行业合作日益普及，员工更容易在不同领域之间流动，寻求更好的发展机会和更高的职业满足感。企业应用人工智能，可能促使员工提升技能以应对新技术带来的变化，从而增强其跨行业流动的可能性。这种正相关关系提示了人工智能与劳动力再配置之间的密切联系。

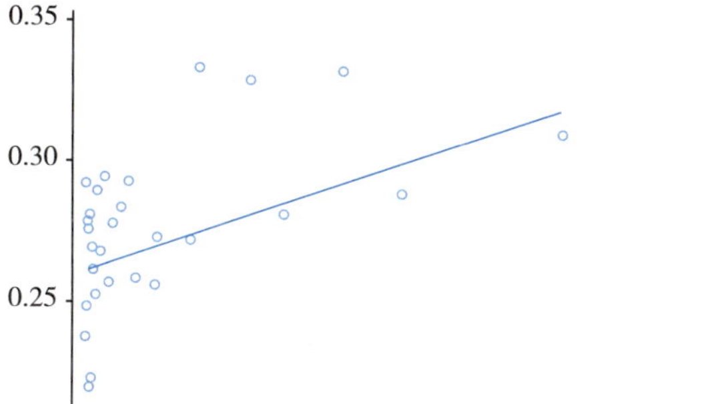


图 5-14　人工智能发展水平与人才跨行业流动的关系

资料来源：incoPat、午马猎头人才数据库。

注：横轴表示人工智能发展水平；纵轴表示人才跨行业流动可能性。

分行业分析人工智能发展水平与人才跨行业流动可能性的关系表现出明显的行业异质性（见图 5-15）。具体而言，专业设备制造业和汽车制造业中的高技能劳动者，并未随着行业人工智能的发展出现明显的跨行业流动，而在计算机、通信和其他电子设备制造业（见图 5-15C），仪器仪表制造业（见图 5-15D），互联网和相关服务业（见图 5-15E）以及软件和信息技术服务业（见图 5-15F），人工智能发展水平与这些行业的人才流动呈明显正相关关系，这与全样本结果一致。这一结果与图 5-7 和图 5-11 的结果保持一致。对于汽车制造业，人工智能的发展并未改善该行业高技能劳动者的就业表现，进而导致该行业未能吸引更多人才流入（见图 5-15B）。在分技术分析人工智能发展水平与人才跨行业流动的关系时发现，各类人工智能技术的发展均与人才的跨行业流动可能性呈正相关关系，与全样本结果保持一致（见图 5-16）。

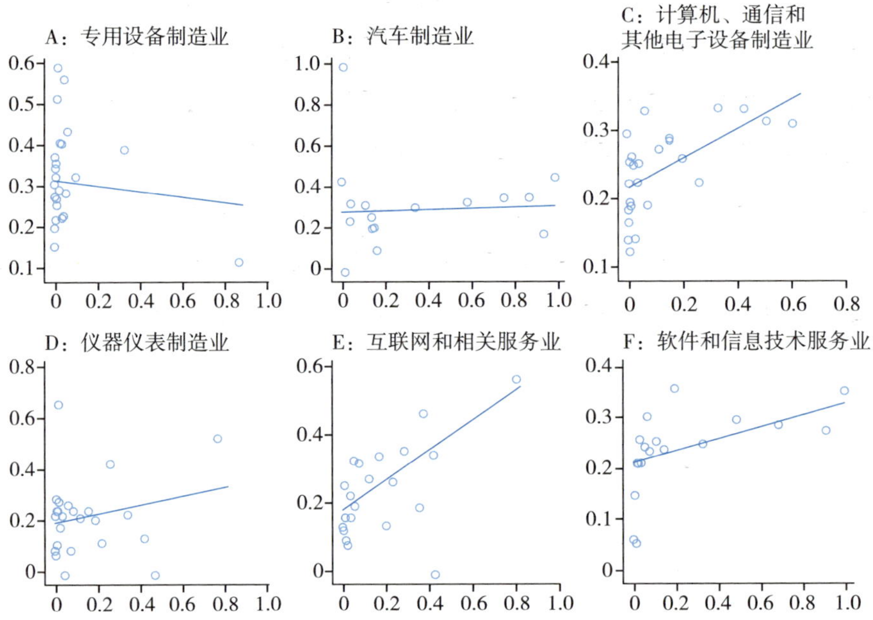


**图 5-15 分行业人工智能发展水平与人才跨行业流动可能性的关系**

资料来源：incoPat、午马猎头人才数据库。

注：横轴表示人工智能发展水平；纵轴表示人才跨行业流动可能性。

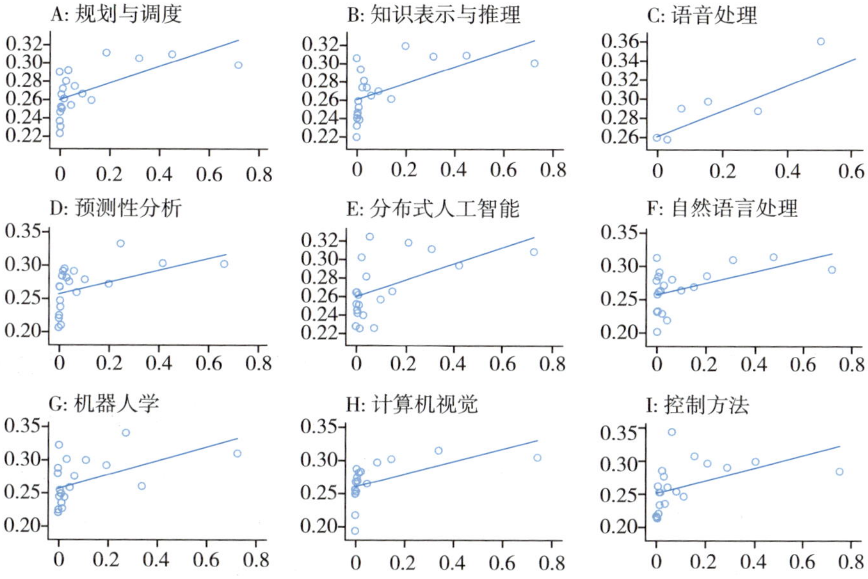


**图 5-16　分技术人工智能发展水平与人才跨行业流动可能性的关系**

资料来源：incoPat、午马猎头人才数据库。

注：横轴表示人工智能发展水平；纵轴表示人才跨行业流动可能性。

图 5–17 展示了人工智能发展对各年龄组高技能劳动力的潜在影响。与图 5–9 和图 5–13 的结果一致，人工智能的发展促进高技能劳动力跨行业流动的群体年龄主要集中在小于等于 40 岁（见图 5–17A），而年龄大于 40 岁（见图 5–17B）的劳动群体未表现出更高的跨行业流动性。

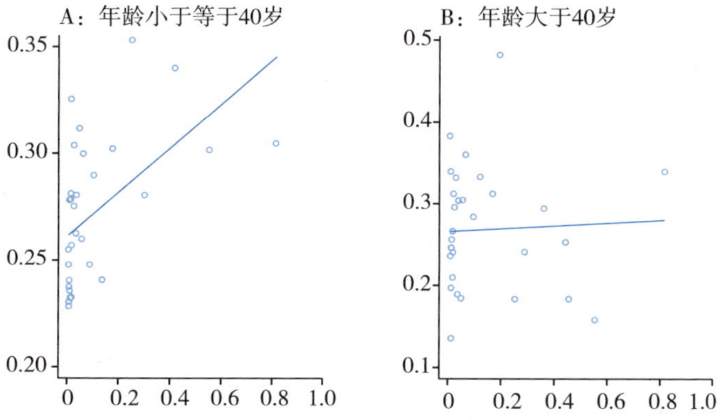


**图 5-17　分年龄段人工智能发展水平与人才跨行业流动可能性的关系**

资料来源：incoPat、午马猎头人才数据库。

注：横轴表示人工智能发展水平；纵轴表示人才跨行业流动可能性。

## 第四节　案例分析

随着人工智能技术的快速进步，物流行业不断涌现出与智慧物流相关的上下游企业，推动行业向数字化和自动化转型。作为国内领先的快递物流综合服务商，顺丰速运（以下简称“顺丰”）高度重视智慧物流建设，并持续加强技术投入。顺丰的业务网络覆盖广泛，遍及国内外，构建了三大核心网络体系：空中运输“天网”、地面配送“地网”和智能化“信息网”。在空中运输方面，顺丰通过货机、无人机和散航等多种形式，确保提供高效的航空物流服务；在地面运输方面，顺丰整合了客户呼叫网络、陆路运输网络、中转分拨网点和营业服务网点，形成全面覆盖的服务网络。同时，顺丰持续完善信息网，以进一步提升运输效率，其大数据信息网集成了自然语言处理、机器学习、区块链和运筹优化等前沿人工智能技术。综合来看，这三大网络的深度融合，帮助顺丰构建了智能化物流体系，使其能够为客户提供一体化的物流解决方案，显著增强了其行业竞争力。

在智能化发展进程中，顺丰持续加大自主创新投入，专注于研发和应用前沿人工智能技术，以全面提升运营效率和用户体验。顺丰打造的智慧网络平台覆盖了各类业务环节，并广泛应用于多种业务场景，构建了完善的综合物流运输管理体系，包括运营管理平台、信息安全平台、地图平台和大数据平台。与传统网络平台相比，顺丰的智慧网络平台在信息互联互通方面表现更为突出，能够显著提升各业务环节的处理效率和便捷性，同时强化安全保障。通过这一平台，顺丰为客户提供了更加优质的物流服务，并为业务范围的进一步拓展奠定了坚实基础。

上述前沿智能技术的应用之一是顺丰持续完善的自动化分拣系统。传统分拣系统高度依赖人工操作，工作人员需通过目视识别条形码或标签，将包裹手动分拣到指定区域或运输通道。这种方式使用简单的输送带，设备自动化程度较低，且分拣效率受限于人工操作速度和经验水平。相比之下，自动化分拣系统采用分拣机器人、扫描仪、传感器等自动化设备，结合图像识别、激光扫描和机械臂等先进技术，实现包裹的自动识别、分类和输送。人工需求大幅减少，仅需其负责系统监控和设备维护。在效率方面，传统人工分拣因受工作时长和人员疲劳程度影响，作业效率相对较低。而自动化分拣系统可实现高效、连续作业，大幅提升分拣速度，满足大规模物流需求。在准确性方面，人工分拣易因注意力下降或判断失误导致出现错误，而自动化分拣系统通过精准的识别和控制技术，显著提高分拣准确率。总体而言，自动化分拣系统为顺丰速运带来了显著优势，主要体现在提升操作效率、降低人工成本、优化服务质量以及增强应对高峰需求的能力等方面。

上述自动化分拣系统能极大提高分拣速度并替代大量低技能的人工劳动，尤其是在仓储和物流行业。这些系统通过高效的机械化与智能化流程来完成以往由劳动者完成的任务，减少了对低技能劳动者的需求。企业在追求更高的成本效益和生产效率的过程中，往往选择减少人力成本，增加自动化设备，以此来降低长期运营成本。同时，随着自动化水平的提升，企业对员工的技能要求也不断提高。不具备新技术或新岗位所需能力的低技能劳动者可能面临再就业困难，因为新岗位通常需要更高的技术水平。此外，自动化分拣系统的推广可能导致行业劳动力技能结构的改变。传统需要大量劳动力的工作岗位可能会逐步减少，取而代之的是更少但更专业化的岗位和与自动化设备互补的专业性岗位。因此，在自动化系统引入的初期，旧的工作岗位逐步减少，而对新的高技能岗位不能胜任，这可能导致一段时间内部分低技能劳动者失业。总体来说，虽然智能物流的发展能提高效率，但在过渡过程中，尤其是对低技能劳动者而言，失业风险不可忽视。企业和政府需要采取措施，如技能培训和再就业计划等，帮助受影响的劳动者适应新的就业市场。

# 本章小结

本章旨在探讨人工智能发展对劳动力市场中高技能劳动者与低技能劳动者就业的潜在影响。对于高技能劳动者，重点分析人工智能技术的发展如何影响其工作中断的发生、持续时间及职业流动情况。对于低技能劳动者，则通过案例研究，阐明企业在应用人工智能技术过程中可能对其就业状况产生的影响。

在高技能劳动者方面，整体趋势表明，人工智能的发展可能导致其工作中断频率的增加。这主要归因于人工智能创造了更多适合高技能劳动者的职位和机会，从而促使他们表现出更高的工作更换频率和更短的失业时间。然而，人工智能对高技能劳动者的正向影响存在显著的年龄和行业差异。较年长的劳动者群体以及汽车制造业的劳动者并未显著受益于人工智能的发展。具体来看，在汽车制造业中，由于自动化技术替代了部分岗位，劳动者面临更高的失业风险。相比之下，互联网和相关服务业、软件和信息技术服务业等行业则因人工智能技术的进步而受益匪浅。这些行业不仅创造了更多就业机会，也显著增加了对高技能劳动者的需求，使求职者能够更容易找到新工作。此外，人工智能还提升了高技能劳动者的跨行业流动性，帮助他们更灵活地寻求适合的岗位。然而，在汽车制造业和专用设备制造业中，高技能劳动者的跨行业流动性相对较低，这表明这些行业在人工智能技术进步的背景下未能吸引更多优秀人才。总体而言，人工智能的发展推动了劳动力市场的动态变化，但其影响因年龄和行业而异，导致并非所有年龄段或行业的劳动者都能从中获益。

在低技能劳动者方面，案例分析表明，自动化技术与低技能劳动者之间存在潜在的可替代性，这带来了不可忽视的失业风险。为应对这一挑战，需要采取相应措施，例如提供技能培训和再就业计划，以帮助受影响的劳动者适应新的就业市场。

# 第六章　对人工智能促进高质量充分就业的建议

人工智能的快速发展对劳动力市场产生了深远影响，重塑了工作方式、人才需求格局和劳动者权益格局。人工智能技术在替代部分岗位劳动力、导致失业率上升的同时，也催生了新兴职业，创造了更多就业机会，并推动了企业生产率的提升。面对人工智能带来的机遇和挑战，政府、企业、社会、高等院校、科研院所和劳动者应多方合作，从以下几个方面入手积极应对，以实现高质量充分就业。

# 第一节 着力培养适应人工智能时代需求的人才

一是加强技能培训，应对就业替代。人工智能的发展对于就业市场的人才需求产生了重要影响，且不同的岗位对于技能的需求也不尽相同。从对软件 / 工具 / 证书的需求来看，受人工智能积极影响的岗位，对 Java、Linux、SQL、PLC 等软件和工具的应用需求更大；而受人工智能负面影响的岗位，则更需要劳动者掌握办公软件和考取 CFA 等证书。同时，人工智能在一定程度上替代了执行简单重复任务的低技能劳动者。因此，政府和企业应定期监测劳动力市场情况，分析各领域对人工智能相关技能的需求，引导劳动者的职业定位和技能发展更好更快地适应劳动力市场的变化。确保技能培训课程与市场需求相匹配，根据技术发展趋势和企业需求，及时调整和更新培训课程内容。针对不同岗位的需求，设计不同的培训内容，例如，受人工智能正向影响的岗位可以加强对 Java、Linux、SQL 等软件和工具实践应用的培训，受人工智能负向影响的岗位可以要求劳动者多学习办公软件和 CFA 相关知识，并考取相应的计算机等级证书和 CFA 证书等。针对不同行业的需求，设计专门的培训项目，提供个性化培训内容，例如，制造业需重点培训机器人操作和维护方法，金融业需重点培训数据分析和风险管理能力，开发模块化课程，使员工根据自己的需要选择不同的模块进行学习，逐步提升技能。同时，政府还需要提供相应的资金支持，为劳动者学习新技能提供经济支持，补贴对象覆盖失业人员、在职员工、自由职业者和小微企业主等各类劳动者，并优先为受人工智能负面影响较大的劳动者提供培训补贴，例如制造业的传统工人、服务业的低技能员工等。此外，对积极组织员工开展技能培训的企业，提供相应的补贴和税收优惠，降低企业培训成本，激励企业主动组织员工培训，帮助员工提升技能。

二是优化高校专业设置，培养创新人才。本书对于高等院校人工智能相关专业的招生规模及培养计划进行了分析，并将其与就业市场需求进行了对比，结果显示，在物联网工程、数据科学、电子信息、计算机和网络工程等本科专业中，招生规模与人才需求的变化趋势并不吻合，存在专业人才对市场需求变化响应不足的问题。对此，根据技术发展和市场需求，高校一方面要合理规划各学科专业的招生规模，比如扩大物联网工程、数据科学等对市场需求响应不足专业的招生规模，优化资源配置，促进人工智能人才的供需平衡；另一方面要优化各学科专业建设，构建“基础＋应用”复合培养体系，设立跨学科的综合课程，如“人工智能与数据科学”“物联网与智能制造”“金融科技”等；采用校企合作教学模式，与企业共建联合实验室，提供实践平台和科研资源，推动科技成果转化，提升学生实践与创新能力。随着高学历且能融合多元学科的复合型人才需求的日益增长，某些非直接隶属于传统人工智能领域的本科专业同样蕴含强大发展潜力，如教育类、化学类等学科领域，高校在发展人工智能相关专业的同时，不宜忽视此类学科的建设。此外，国家应采取措施促进教育均衡发展，缓解地区招生差异，为教育水平较落后的地区提供资金、人才等资源的支持，从而推动地区间人工智能平衡发展。

三是强化“软技能”培养，适应就业市场技能需求变化。随着人工智能的发展，相关岗位对具备沟通能力、解决问题能力等“软技能”人才的需求在逐渐增加。而目前国家针对人工智能的教育政策，更多关注学科建设布局和课程体系建设，较少关注学生沟通能力、解决问题能力、表达能力等的培养。为此，建议国家设立软技能培养试点项目，支持高校和培训机构开展软技能培训课程，并将软技能培养纳入国民教育体系。同时，在试点院校“毕业”的学生可获得软技能认证，并进入合作的企业进行实战训练，企业需要对学生的软技能水平给予反馈，不断提升其“软技能”，适应市场对人才的需要。

## 第二节　引导人工智能创造就业岗位，支持新就业形态发展

一是加强基础技术研发，强化人工智能关键核心技术攻关。相较于美国，我国人工智能政策对产业发展和行业应用的关注度明显高于技术研发和基础研究。技术研发是推动人工智能创新发展的关键因素。人工智能技术进步不仅能够推动人工智能新兴产业发展，而且也会与传统产业融合，进而促进人工智能技术应用、产业规模等方面的转型升级，最后促进经济增长并创造新的就业机会。“十四五”规划明确提出要重视对人工智能基础技术的研究，“聚焦高端芯片、操作系统、人工智能关键算法、传感器等关键领域，加快推进基础理论、基础算法、装备材料等研发突破与迭代应用”[①]。为打破因核心技术缺失、原创理论不足而无法开展自主研发的壁垒，我国应加大对关键技术的研发投入力度，特别是在人工智能、大数据、云计算、物联网和区块链等领域，推动高等院校、科研机构与企业之间的合作，建立联合实验室和研究中心，共享资源和成果，促进产学研一体化，建设国家级和区域级的创新平台，支持前沿技术研究和应用开发，加强知识产权保护，完善知识产权申请和保护机制，鼓励技术创新和知识创造。

二是引导人工智能驱动新岗位创造，多渠道支持人工智能产业发展。人工智能对互联网产品、互联网开发、软件等技术型岗位和电子、电器、汽车制造、机械制造维修等体力型岗位具有积极影响，同时会创造出如 AI 训练师、提示词工程师、微调工程师等新的工作岗位。此外，人工智能产业发展和生产

① 《中华人民共和国国民经济和社会发展第十四个五年规划和 2035 年远景目标纲要》。

规模扩大，可以带动上下游产业的发展，从而有效带动就业增长。因此，要努力发挥人工智能就业创造机制和生产率机制。建议设立人工智能产业发展专项基金，并出台相应的税收优惠政策，支持人工智能相关领域的创新创业。建设一批行业共性技术平台，推动产业模式和企业组织形态的创新变革，健全体制机制，提升优势产业领先地位。为人工智能初创企业提供税收优惠，降低税收负担；为它们提供专门的金融服务，帮助其解决资金短缺问题；建立和完善创业孵化器，为它们提供办公场地、技术支持、市场营销等一站式服务，降低创业成本；鼓励风险投资机构加大对人工智能相关创新创业项目的投资力度，推动人工智能企业的快速发展。此外，要注重发挥青年的创新能力，通过举办人工智能创新应用大赛、“挑战杯”全国大学生系列科技学术竞赛、“创青春”全国大学生创业大赛等比赛，对大赛中创新能力强、市场前景广、应用成效显著的项目和团队提供项目启动资金、孵化基地、应用场景等支持，推动项目落地，支持通用人工智能领域青年创新创业[①]。

三是促进传统产业数字化转型，加快产业模式和企业组织形态变革。人工智能的应用和人机协同程度的加深，能有效提升企业的生产效率与管理水平，并扩大其生产规模，通过生产率机制创造新的就业岗位。鼓励传统产业采用数字技术，促进智能制造、智能交通、智能金融、智能医疗等领域的发展。通过人工智能技术缩短劳动时长并提升传统产业的价值，例如使用人工智能辅助医生诊断、使用机器人辅助工厂工人等，实施人工智能技术应用示范项目，展示如何将人工智能技术融入传统产业中，缩短劳动者的工作时长，提升劳动生产率和劳动价值。同时，人工智能的应用有助于保障劳动者的人身安全，可支持在高危行业和恶劣工作环境建设智能工厂、无人矿山，探索发展无人配送、无人零售、无人餐厅、无人物流等服务业态。

① 《安徽省通用人工智能创新发展三年行动计划（2023—2025年）》。

## 第三节 健全公共就业服务体系，提升劳动者权益保障水平

一是开发就业信息平台，增强公共就业服务能力。在人工智能发展水平较高的行业内，人工智能技术可以优化工作流程和提高效率，从而引起现有岗位的性质和职责发生改变，使得高技能人才不得不寻求新的机会以适应这些变化，导致暂时性工作中断的次数增加。因此，应建立和完善就业信息服务平台，通过大数据分析，了解人工智能影响下就业市场的变化趋势，并组建全国就业信息动态库，开展劳动者就业质量评估研究（王春超和聂雅丰，2023），重点监测受人工智能技术冲击大的劳动者群体。同时，可以有针对性地实施就业帮扶。结合用户的技能、经验和求职意向，提供个性化的职位推荐。设置详细的职位分类和标签，使用户可以根据行业、职位类型、工作地点等快速查找合适的工作，帮助相关求职者快速重新找到合适的工作机会，促进高质量充分就业。例如，对于高技能劳动者，就业信息服务平台只需为其提供相关的就业岗位信息，就可帮助他们快速找到工作；但对于低技能劳动者，就业服务平台除了为他们提供岗位信息，还可同时推送人工智能等技能培训信息，以帮助他们适应新的市场需求，更快就业。

二是改革现行社会保障体系，适应灵活就业形式。完善新就业形态劳动者就业质量的标准与管理规范，防止平台用算法和技术压榨劳动力的现象发生。人工智能会替代一部分低技能劳动者。被挤出的低技能劳动者更可能转向非传统的就业形式，如自由职业、零工经济等。现行的社会保障体系建立在正规就业的劳动关系基础上。因此，未来社会保障体系覆盖范围应当扩展到包括这些

新兴工作形式的劳动者。党的二十届三中全会提出“健全灵活就业人员、农民工、新就业形态人员社保制度，扩大失业、工伤、生育保险覆盖面，全面取消在就业地参保户籍限制，完善社保关系转移接续政策。”[①] 建议为灵活就业者健全社会保障体系，包括养老保险、医疗保险、失业保险、工伤保险、生育保险等，降低新就业形态劳动者的参保门槛。建立健全跨区域社保转移接续机制，推动全国社保信息互联互通，保障灵活就业者权益。建立灵活缴费机制，允许新就业形态劳动者按月缴纳社保费用，根据当月收入情况灵活调整缴费金额，设置最低缴费标准，确保劳动者能够持续参保并享受基本保障。开发适合不同新就业形态劳动者需求的个性化保险产品，如短期保险、意外伤害保险、健康保险等，根据劳动者的风险特点和职业特性，提供有针对性的保障方案。

三是引入和探索新型社会保障机制，以应对人工智能对于就业岗位的替代效应。人工智能创造的就业岗位更多地偏向高技能劳动者，而在一定程度上替代了执行简单重复任务的低技能劳动者，导致低技能劳动者被迫转岗，进入到门槛更低的次级劳动力市场中，对其工资收入、劳动保障和工作满意度等方面产生负向影响，导致群体间收入差距扩大。对此，一方面政府可以探索将基本收入保障作为应对策略之一，以保障基本生活需求；另一方面完善收入保障和共享机制，探索企业和社会之间更公平的利益分配机制，特别是在自动化带来高利润的情况下，通过税收和社会分配机制，将收益再分配给受到影响的劳动者和社区。例如对高度自动化和使用人工智能的企业征收一定比例的科技红利税，用于完善社会保障体系，特别是保障失业者和低收入群体，同时可将税收用于公共科技投资，推动新兴技术的发展，并确保技术红利能够惠及全社会。

四是完善有关灵活就业的法律法规，加强政策法规的动态调整。为了保护劳动者的合法权益，从立法层面对不同类型用工方式进行分类保障，加强对灵活用工方式的法律监管，为灵活用工方式中的劳动争议和纠纷提供快捷、公正的解决途径和完善的解决机制，保障灵活就业的劳动者在社会保障和社会福利等方面的权益，从而规避社会风险。政府应建立灵活的政策调整机制，根据经

① 《中共中央关于进一步全面深化改革、推进中国式现代化的决定》。

济发展状况来调整就业政策和措施，比如在经济发展下行阶段，扩大就业数量成为宏观调控的优先目标，通过健全技能培训制度等政策实现充分就业；在经济发展景气阶段，政策的重点应聚焦于提升就业质量，通过人工智能技术的广泛应用改善工作条件和创造高附加值的职业来实现高质量就业。通过政策的动态调整，充分挖掘人工智能技术的潜力，从而实现高质量充分就业。此外，人工智能的发展有可能会加剧经济和社会资源的集中，导致地区间的发展不均衡更加明显。对此，政府也应针对不同地区的特点，制定符合当地实际的人工智能发展政策。对于欠发达地区，可以提供更多的财政支持、税收优惠和投资激励，鼓励企业在这些地区开展人工智能相关项目，同时鼓励发达地区与欠发达地区在人工智能技术研发和资源投入上进行合作，促进知识和经验的共享。

五是加强道德与法律监督，维护劳动者信息安全。人工智能在提高生产效率的同时，也带来了一些伦理问题，存在信息泄露、数据滥用等风险。政府应制定相关政策，持续加强科技伦理治理，进行行业监督，开展科技伦理审查及相关业务培训，强化各责任主体科技伦理规范意识。深入开展科技伦理教育和宣传，构建良好人工智能科技伦理氛围[①]。一方面，加强企业监督，确保人工智能技术的使用不会侵犯劳动者的权益，推动在企业内部建立信息安全委员会，监督公司在处理员工数据时的行为，确保其符合相关法规和合同规定；监督人工智能在工作场所的使用，防止发生不公平的监控和数据滥用现象。另一方面，提升公民伦理素养，积极普及人工智能伦理知识，使人们客观认识伦理问题，不低估不夸大伦理风险；开展人工智能伦理问题讨论，深入推动人工智能伦理治理实践，提升应对能力[②]。

① 详见《北京市促进通用人工智能创新发展的若干措施》。

② 详见《新一代人工智能伦理规范》。

# 参考文献


[1] 蔡跃洲，陈楠 . 新技术革命下人工智能与高质量增长、高质量就业 [J]. 数量经济技术经济研究，2019，36（5）：3-22.

[2] 陈婧嫣，姜李丹，薛澜 . 跨国比较视阈下的人工智能政策：目标、理念与路径 [J]. 科学学与科学技术管理，2021，42（3）：87-100.

[3] 陈龙，刘刚，戚聿东，等 . 人工智能技术革命：演进、影响和应对 [J/OL]. 国际经济评论，2024（3）：9-51.

[4] 段世飞，龚国钦 . 国际比较视野下的人工智能教育应用政策 [J]. 现代教育技术，2019，29（3）：11-17.

[5] 江丰光，熊博龙，张超 . 我国人工智能如何实现战略突破——基于中美 4 份人工智能发展报告的比较与解读 [J]. 现代远程教育研究，2020，32（1）：3-11.

[6] 荆晶 . 主体 - 工具 - 产业链视角的中美人工智能政策比较研究 [D]. 河南农业大学，2021.

[7] 赖德胜，苏丽锋，孟大虎，等 . 中国各地区就业质量测算与评价 [J]. 经济理论与经济管理，2011（11）：88-99.

[8] 赖德胜 . 创造高质量就业的未来 [J]. 人口与经济，2023（2）：1-6.

[9] 李彦宏 . 智能革命：迎接人工智能时代的社会、经济与文化变革 [M]. 北京：中信出版集团，2017.

[10] 刘翠花，戚聿东，丁述磊 . 数字经济时代弹性工作如何影响青年就业质量 ?[J]. 宏观质量研究，2022，10（6）：43-60.

[11] 刘涛，秦志龙，伍骏骞 . 农民工过度劳动行为的同群效应研究 [J]. 中国农村经济，2023（9）：101-121.

[12] 马池珠，王永超，刘丽，等．“目标 - 议题 - 工具”框架下人工智能国家政策解析及发展建议——基于近十年政策文本镜像扫描 [J]. 山东师范大学学报（自然科学版），2023，38（3）：221-234.

[13] 麦可思研究院，王伯庆，王梦萍．2024 年中国本科生就业报告 [M]. 北京：社会科学文献出版社，2024.

[14] 明娟，曾湘泉．工作转换与受雇农民工就业质量：影响效应及传导机制 [J]. 经济学动态，2015（12）：22-33.

[15] 莫荣等．中国人工智能人才发展报告（2022）[M]. 北京：社会科学文献出版社，2022.

[16] 戚凯，崔莹佳，田燕飞．美欧英人工智能竞逐及其前景 [J]. 现代国际关系，2024（5）：118-139.

[17] 戚聿东，刘翠花，丁述磊．数字经济发展、就业结构优化与就业质量提升 [J]. 经济学动态，2020（11）：17-35.

[18] 清华大学中国科技政治研究中心．中国人工智能发展报告 2018[R].2018.

[19] 人力资源和社会保障部．新职业——物联网工程技术员就业景气现状分析报告 [R].2020.

[20] 田鸽，张勋．数字经济、非农就业与社会分工 [J]. 管理世界，2022，38（5）：72-84.

[21] 汪伟，崔亚东．流动性约束与农民工劳动供给——兼论农民工过度劳动现象 [J]. 财经研究，2022，48（12）：121-135.

[22] 王春超，聂雅丰．数字经济对就业影响研究进展 [J]. 经济学动态，2023（4）：134-149.

[23] 王林辉，姜昊，董直庆．工业智能化会重塑企业地理格局吗 [J]. 中国工业经济，2022（2）：137-155.

[24] 严少华，杨昭．欧美人工智能治理模式比较及启示 [J]. 战略决策研究，2024，15（3）：41-65.

[25] 杨伟国，邱子童，吴清军．人工智能应用的就业效应研究综述 [J]. 中国人口科学，2018（5）：109-119.

[26] 姚加权，张锟澎，郭李鹏，等．人工智能如何提升企业生产效率？——基于劳动力技能结构调整的视角 [J]. 管理世界，2024，40（2）：101-116.

[27] 亿欧智库．2020 全球人工智能人才培养研究报告解析 [J]. 机器人产业，2020（5）：

91-105.
[28] 岳昌君 . 高质量充分就业的内涵与实现路径 [J]. 人民论坛，2023（14）：63-66.
[29] 曾坚朋，张双志，张龙鹏 . 中美人工智能政策体系的比较研究——基于政策主体、工具与目标的分析框架 [J]. 电子政务，2019（6）：13-22.
[30] 张广胜 , 王若男 . 数字经济发展何以赋能农民工高质量就业 [J]. 中国农村经济 , 2023 (1): 58-76.
[31] 浙江大学中国科教战略研究院，百度 . 中国人工智能人才培养白皮书 [R].2022.
[32] 祝仲坤 . 过度劳动对农民工社会参与的“挤出效应”研究—来自中国流动人口动态监测调查的经验证据 [J]. 中国农村观察，2020（5）：108-130.
[33] Alekseeva L, Azar J, Giné M, et al. The demand for AI skills in the labor market[J]. Labour Economics, 2021, 71: 102002.
[34] Autor D, Salomons A. Is automation labor-displacing? Productivity growth, employment, and the labor share[R]. National Bureau of Economic Research, 2018.
[35] Cazzaniga M, Jaumotte M F, Li L, et al. Gen-AI: Artificial intelligence and the future of work[M]. International Monetary Fund, Washington, DC,2024.
[36] Deming D, Kahn L B. Skill requirements across firms and labor markets: Evidence from job postings for professionals[J]. Journal of Labor Economics, 2018, 36(S1): S337-S369.
[37] Hazan E, Madgavkar A, Chui M, et al. A new future of work: The race to deploy AI and raise skills in Europe and beyond[R]. 2024.
[38] IPO U K. Artificial Intelligence-a worldwide overview of AI patents and patenting by the UK AI sector[J]. UK IPO, 2019.
[39] Nilsson, N. The Quest for Artificial Intelligence: A History of Ideas and Achievemments. [M]. Cambridge: Cambridge Uninersity Press, 2010.
[40] Stanford University. Artificial Intelligence Index Report 2024[R].2024.
[41] UNESCO，Miao Fengchun, Shiohira Kelly. AI competency framework for students[M]. Paris：UNESCO，2024.
[42] WIPO. WIPO Technology Trends 2019: Artificial Intelligence. Geneva:World Intellectual Property Organization.
[43] World Bank. World Development Report 2019: The Changing Nature of Work[R]. 2019.
[44] World Economic Forum. Future of Jobs Report 2023[R]. 2023.

# 附　录

# 附 录

## 附录 1 中国城市群划分及规划范围

| 城市群名称 | 规划范围 | 划分依据 |
|---|---|---|
| 京津冀城市群 | 北京市 | 《京津冀协同发展规划纲要》 |
| | 天津市 | |
| | 河北省：保定市、唐山市、石家庄市、廊坊市、秦皇岛市、张家口市、承德市、沧州市、衡水市、邢台市、邯郸市 | |
| 长三角城市群 | 上海市 | 《长江三角洲城市群发展规划》 |
| | 江苏省：南京市、无锡市、常州市、苏州市、南通市、扬州市、镇江市、盐城市、泰州市 | |
| | 浙江省：杭州市、宁波市、湖州市、嘉兴市、绍兴市、金华市、舟山市、台州市 | |
| | 安徽省：合肥市、芜湖市、马鞍山市、铜陵市、安庆市、滁州市、池州市、宣城市 | |
| 粤港澳大湾区城市群 | 香港特别行政区 | 《粤港澳大湾区发展规划纲要》 |
| | 澳门特别行政区 | |
| | 广东省：广州市、佛山市、肇庆市、深圳市、东莞市、惠州市、珠海市、中山市、江门市 | |
| 成渝城市群 | 重庆市：渝中区、万州区、黔江区、涪陵区、大渡口区、江北区、沙坪坝区、九龙坡区、南岸区、北碚区、綦江区、大足区、渝北区、巴南区、长寿区、江津区、合川区、永川区、南川区、潼南区、铜梁区、荣昌区、璧山区、梁平区、丰都县、垫江县、忠县等区（县）以及开州区、云阳县的部分地区 | 《成渝城市群发展规划》 |
| | 四川省：成都市、自贡市、泸州市、德阳市、绵阳市（除北川羌族自治县、平武县）、遂宁市、内江市、乐山市、南充市、眉山市、宜宾市、广安市、达州市（除万源市）、雅安市（除天全县、宝兴县）、资阳市 | |

续表

<table>
<tr><th>城市群名称</th><th>规划范围</th><th>划分依据</th></tr>
<tr><td rowspan="3">长江中游城市群</td><td>湖北省：武汉市、黄石市、鄂州市、黄冈市、孝感市、咸宁市、仙桃市、潜江市、天门市、襄阳市、宜昌市、荆州市、荆门市</td><td rowspan="3">《长江中游城市群发展规划》</td></tr>
<tr><td>湖南省：长沙市、株洲市、湘潭市、岳阳市、益阳市、常德市、衡阳市、娄底市</td></tr>
<tr><td>江西省：南昌市、九江市、景德镇市、新余市、宜春市、萍乡市、吉安市</td></tr>
<tr><td rowspan="2">哈长城市群</td><td>黑龙江省：哈尔滨市、大庆市、齐齐哈尔市、绥化市、牡丹江市</td><td rowspan="2">《哈长城市群发展规划》</td></tr>
<tr><td>吉林省：长春市、吉林市、四平市、辽源市、松原市、延边朝鲜族自治州</td></tr>
<tr><td>辽中南城市群</td><td>辽宁省：沈阳市、大连市、鞍山市、抚顺市、本溪市、丹东市、营口市、辽阳市、盘锦市、铁岭市</td><td>《辽中南城市群发展规划》</td></tr>
<tr><td>山东半岛城市群</td><td>山东省：济南市、青岛市、淄博市、枣庄市、东营市、烟台市、潍坊市、济宁市、泰安市、威海市、日照市、临沂市、德州市、聊城市、滨州市、菏泽市</td><td>《山东半岛城市群发展规划（2021—2035年）》</td></tr>
<tr><td rowspan="4">闽粤浙沿海城市群</td><td>福建省：福州市、泉州市、厦门市、漳州市、龙岩市、三明市、南平市、莆田市、宁德市</td><td rowspan="4">《海峡西岸经济区发展规划》</td></tr>
<tr><td>浙江省：温州市、衢州市、丽水市</td></tr>
<tr><td>广东省：汕头市、梅州市、潮州市、揭阳市</td></tr>
<tr><td>江西省：上饶市、鹰潭市、抚州市、赣州市</td></tr>
<tr><td rowspan="3">中原城市群</td><td>河南省：郑州市、开封市、洛阳市、平顶山市、新乡市、焦作市、许昌市、漯河市、济源市、鹤壁市、商丘市、周口市、安阳市、濮阳市、三门峡市、南阳市、信阳市、驻马店市</td><td rowspan="3">《中原城市群发展规划》</td></tr>
<tr><td>山西省：晋城市、长治市、运城市</td></tr>
<tr><td>安徽省：亳州市、宿州市、阜阳市、淮北市、蚌埠市</td></tr>
<tr><td rowspan="3">北部湾城市群</td><td>广西壮族自治区：南宁市、北海市、钦州市、防城港市、玉林市、崇左市</td><td rowspan="3">《北部湾城市群发展规划》</td></tr>
<tr><td>广东省：湛江市、茂名市、阳江市</td></tr>
<tr><td>海南省：海口市、儋州市、东方市、澄迈县、临高县、昌江黎族自治县</td></tr>
</table>

续表

| 城市群名称 | 规划范围 | 划分依据 |
|---|---|---|
| 关中平原城市群 | 陕西省：西安市、宝鸡市、咸阳市、铜川市、渭南市、杨凌农业高新技术产业示范区、商洛市（商州区、洛南县、丹凤县、柞水县） | 《关中平原城市群发展规划》 |
| | 山西省：运城市（除平陆县、垣曲县）、临汾市（尧都区、侯马市、襄汾县、霍州市、曲沃县、翼城县、洪洞县、浮山县） | |
| | 甘肃省：天水市、平凉市（崆峒区、华亭市、泾川县、崇信县、灵台县）、庆阳市区 | |
| 天山北坡城市群 | 新疆维吾尔自治区：乌鲁木齐市、昌吉市、米泉区、阜康市、呼图壁县、玛纳斯县、石河子市、沙湾市、乌苏市、奎屯市、克拉玛依市 | 《天山北坡城市群发展规划（2017—2030年）》 |
| 山西中部城市群 | 山西省：太原市、晋中市、忻州市、吕梁市、阳泉市 | 《关于支持和保障山西中部城市群高质量发展的决定》 |
| 呼包鄂榆城市群 | 内蒙古自治区：呼和浩特市、包头市、鄂尔多斯市 | 《呼包鄂榆城市群发展规划》 |
| | 陕西省：榆林市 | |
| 宁夏沿黄城市群 | 宁夏回族自治区：银川市、石嘴山市、吴忠市、中卫市 | 《宁夏回族自治区新型城镇化“十四五”规划》 |
| 兰州-西宁城市群 | 甘肃省：兰州市、白银市（白银区、平川区、靖远县、景泰县）、定西市（安定区、陇西县、渭源县、临洮县）、临夏回族自治州（临夏市、东乡族自治县、永靖县、积石山保安族东乡族撒拉族自治县） | 《兰州—西宁城市群发展规划》 |
| | 青海省：西宁市、海东市、海北藏族自治州（海晏县、海南藏族自治州共和县、贵德县、贵南县）、黄南藏族自治州（同仁县、尖扎县） | |
| 黔中城市群 | 贵州省：贵阳市及贵安新区、遵义市（红花岗区、汇川区、播州区、绥阳县、仁怀市）、安顺市（西秀区、平坝区、普定县、镇宁布依族苗族自治县）、毕节市（七星关区、大方县、黔西县、金沙县、织金县）、黔东南州（凯里市、麻江县）、黔南州（都匀市、福泉市、贵定县、瓮安县、长顺县、龙里县、惠水县） | 《黔中城市群高质量发展规划》 |
| 滇中城市群 | 云南省：昆明市、曲靖市、玉溪市、楚雄州全境、红河州（蒙自市、个旧市、建水县、开远市、弥勒市、泸西县、石屏县） | 《滇中城市群发展规划》 |

## 附录 2　识别人工智能岗位的关键词

| | | | | | | |
|---|---|---|---|---|---|---|
| 人工智能 | 声纹识别 | 语音交互 | 人机交互 | 虚拟现实 | 强化学习 | 智能传感器 |
| AI芯片 | 掌纹识别 | 计算机视觉 | 数据挖掘 | 智能医疗 | 智能体 | 模式识别 |
| AI行业应用 | 步态识别 | OCR | 特征识别 | 智能音箱 | 智能养老 | 边缘计算 |
| AI医疗 | 虹膜识别 | 人脸识别 | 语音合成 | 智能语音 | 大数据营销 | 大数据平台 |
| AI安防 | 身份识别 | 图像识别 | 知识图谱 | 智能政务 | 大数据风控 | 智能计算 |
| AI教育 | 静脉识别 | 情绪识别 | 智慧银行 | 自动驾驶 | 大数据分析 | 智能搜索 |
| AI营销 | 自动驾驶 | 手势识别 | 智能保险 | 智能运输 | 大数据处理 | 物联网 |
| AI金融 | 汽车摄像头 | 指纹识别 | 人机协同 | 卷积神经网络 | 支持向量机 | 云计算 |
| 云端机器人 | 汽车雷达 | 文字识别 | 智能监管 | 特征提取 | 长短期记忆 | 增强智能 |
| 智能汽车 | 自动驾驶算法 | 机器视觉 | 智能教育 | 无人驾驶 | 机器人流程自动化 | 语音交互 |
| 深度学习 | 辅助驾驶 | 物体检测 | 智能客服 | 智能家居 | 分布式计算 | 智能环保 |
| 数据库 | 自然语言处理 | 视频识别 | 智能零售 | 问答系统 | 知识表示 | 人机对话 |
| 生物识别 | 聊天机器人 | AI产品 | 智能农业 | 商业智能 | 智能芯片 | 深度神经网络 |
| 人脸识别 | 语义识别 | 机器翻译 | 智能投顾 | 智慧金融 | 可穿戴产品 | 大数据运营 |
| | 语音识别 | 机器学习 | 增强现实 | 循环神经网络 | 大数据管理 | |

## 附录 3　人工智能岗位需求占比前 20 名

| 人工智能岗位 | 需求占比 |
|---|---|
| Java开发工程师 | 5.63% |
| 运维工程师 | 0.84% |
| 测试工程师 | 0.67% |
| 软件工程师 | 0.51% |
| 软件测试工程师 | 0.47% |
| .NET开发工程师 | 0.47% |
| 大数据开发工程师 | 0.43% |
| 算法工程师 | 0.40% |
| 软件开发工程师 | 0.37% |
| 项目经理 | 0.37% |
| 产品经理 | 0.36% |
| 销售经理 | 0.34% |

续表

| 人工智能岗位 | 需求占比 |
|---|---|
| Python开发工程师 | 0.33% |
| 数据分析师 | 0.32% |
| C++开发工程师 | 0.32% |
| PHP开发工程师 | 0.28% |
| 系统运维工程师 | 0.22% |
| 嵌入式软件工程师 | 0.22% |
| 后端开发工程师 | 0.21% |
| 软件实施工程师 | 0.21% |

资料来源：智联招聘、前程无忧。

## 附录 4　技能需求分析的步骤

首先，根据招聘广告的“岗位描述”指标，借助 Python 软件得出受人工智能直接影响的岗位 2019—2023 年五年内出现频率最高的 1000 个词语。其次，结合招聘广告内容和已有研究文献、报告，从硬技能、软技能两个维度展开分析，每一维度选取招聘广告中出现频次排名靠前的十个词语，并整理成硬技能关键词表和软技能关键词表。最后，分析与人工智能直接相关的岗位所需硬技能和软技能在 2019—2023 年的变化情况。采用类似的分析思路，也分别分析人工智能积极影响岗位和消极影响岗位在硬技能和软技能需求上的变化情况。

## 附录 5　技能需求关键词表

| 硬技能关键词 | | | 软技能关键词 | | |
|---|---|---|---|---|---|
| 直接相关 | 积极 | 消极 | 直接相关 | 积极 | 消极 |
| Hadoop | CAD | WPS | 沟通能力 | 沟通能力 | 沟通能力 |
| Oracle | PCB | C语言 | 解决问题能力 | 解决问题能力 | 积极性 |
| UI | Python | CFA | 表达能力 | 执行力 | 热情 |
| Web | Hadoop | Photoshop | 抗压能力 | 积极性 | 认真 |
| Python | Oracle | CFP | 适应能力 | 团队精神 | 亲和力 |

续表

| 硬技能关键词 | | | 软技能关键词 | | |
|---|---|---|---|---|---|
| SQL | PLC | AFP | 执行力 | 认真 | 责任心 |
| Linux | SQL | ACCA | 积极主动性 | 抗压能力 | 执行力 |
| Java | Web | Visio | 责任心 | 逻辑思维 | 细心 |
| CAD | Linux | Javascript | 独立能力 | 热爱 | 上进心 |
| C语言 | Java | 办公软件 | 热爱 | 表达能力 | 表达能力 |

## 附录 6　受人工智能积极影响和消极影响的岗位名单

| 职业分类 | 小类 |
|---|---|
| **受人工智能积极影响的岗位** | |
| 互联网产品/运营管理 | 信息通信网络运行管理人员 |
| 软件/互联网开发/系统集成 | 信息和通信工程技术人员 |
| | 数字技术工程技术人员 |
| | 软件和信息技术服务人员 |
| | 其他信息传输、软件和信息技术服务人员 |
| 电子/电器/半导体/仪器仪表 | 电子元件制造人员 |
| | 电子器件制造人员 |
| | 计算机制造人员 |
| | 仪器仪表装配人员 |
| | 电子设备装配调试人员 |
| | 其他仪器仪表制造人员 |
| 汽车制造 | 汽车零部件、饰件生产加工人员 |
| | 汽车整车制造人员 |
| | 其他汽车制造人员 |
| 机械设计/制造/维修 | 机械工程技术人员 |
| | 电机制造人员 |
| | 电线电缆、光纤光缆及电工器材制造人员 |
| | 输配电及控制设备制造人员 |
| | 电池制造人员 |
| | 家用电力器具制造人员 |
| | 非家用电力器具制造人员 |
| | 照明器具制造人员 |
| | 电气信号设备装置制造人员 |
| | 其他电气机械和器材制造人员 |

续表

| 职业分类 | 小类 |
|---|---|
| 受人工智能消极影响的岗位 | |
| 行政/后勤/文秘 | 行政业务办理人员 |
| | 行政事务处理人员 |
| 翻译 | 翻译人员 |
| 物业管理 | 物业管理服务人员 |
| 证券/期货/投资管理/服务 | 证券/期货/基金专业人员 |
| | 信托和资产管理服务人员 |
| | 其他金融服务人员 |
| | 证券期货服务人员 |
| 保险 | 保险专业人员 |
| | 保险服务人员 |

## 附录 7　受人工智能积极影响的部分岗位学历需求变化

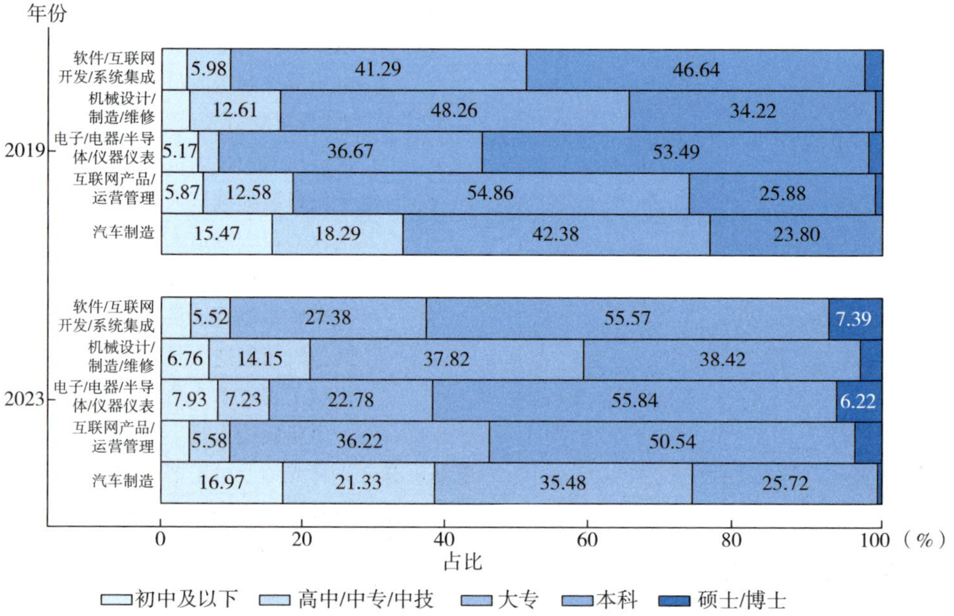


资料来源：智联招聘、前程无忧。

注：出于美观考虑，受人工智能积极影响的部分岗位学历需求变化没有在图中标注。2019 年未标注部分（按从上到下、从左到右顺序）需求变化分别为 :3.65%、2.44%；4.05%、0.86%；2.84%、1.83%；0.81%；0.06%。2023 年未标注部分（按从上到下、从左到右顺序）需求变化分别为 4.14%；2.85%；4.06%、3.60%；0.49%。

## 附录 8　受人工智能积极影响的部分岗位工作经验需求变化

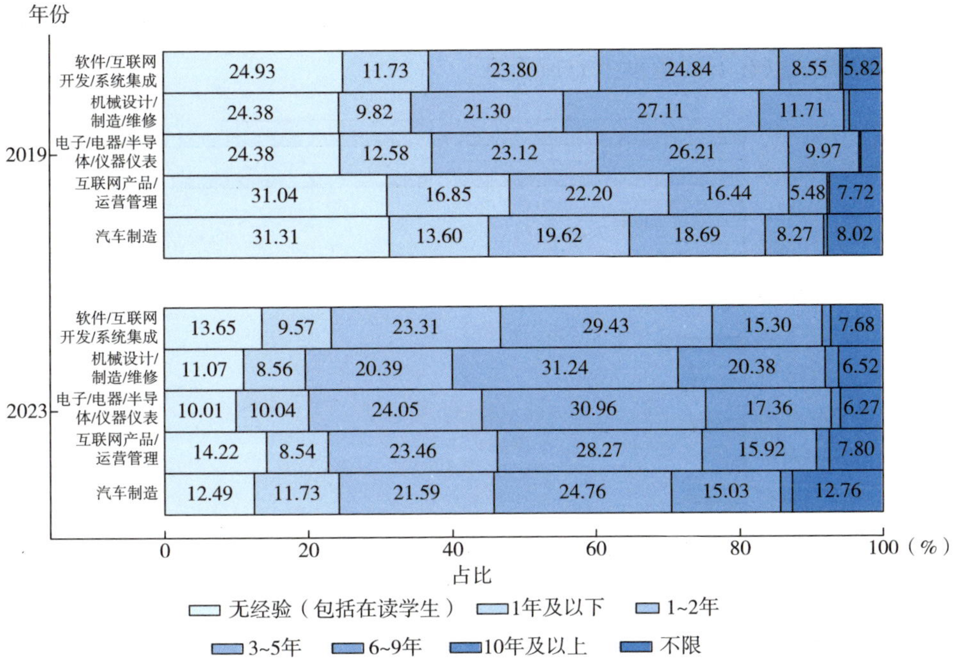


资料来源：智联招聘、前程无忧。

注：出于美观考虑，有些岗位对工作经验的需求变化没有在图中标注。2019 年未标注部分（按从上到下、从左到右顺序）需求变化分别为 0.33%；0.82%、4.87%；0.34%、3.29%；0.27%；0.49%。2023 年未标注部分（按从上到下、从左到右顺序）需求变化百分比分别为 1.06%、1.84%、1.30%、1.78%、1.65%。

## 附录 9　同一岗位内部的技能需求变化

机械设计 / 制造 / 维修类岗位对于计算机辅助设计软件（CAD）和可编程逻辑控制器（PLC）的应用需求较高（见附录 9 图 1）。2019—2023 年，PLC 在工业自动化中的关键作用促使了其需求的增加，CAD 在机械设计、制造和维修领域中的重要性也持续增强。C 语言作为嵌入式系统和控制系统开发中的基石，其需求依然较高。此外，对 Python、Java 和 Linux 操作系统平台的需求也在不断增加。对计算机辅助三维交互应用程序（CATIA）这一工程设计软件的需求有所减少，这可能反映了市场上对特定软件工具的偏好变化。

机械设计/制造/维修类岗位比较看重沟通能力、解决问题能力、独立完成任务能力等软技能（见附录9图2）。2019—2023年，独立完成任务能力、沟通能力、责任心的重要性大幅增加，对其他能力如合作能力、学习能力、适应性等的需求也在不同程度上有所提升。

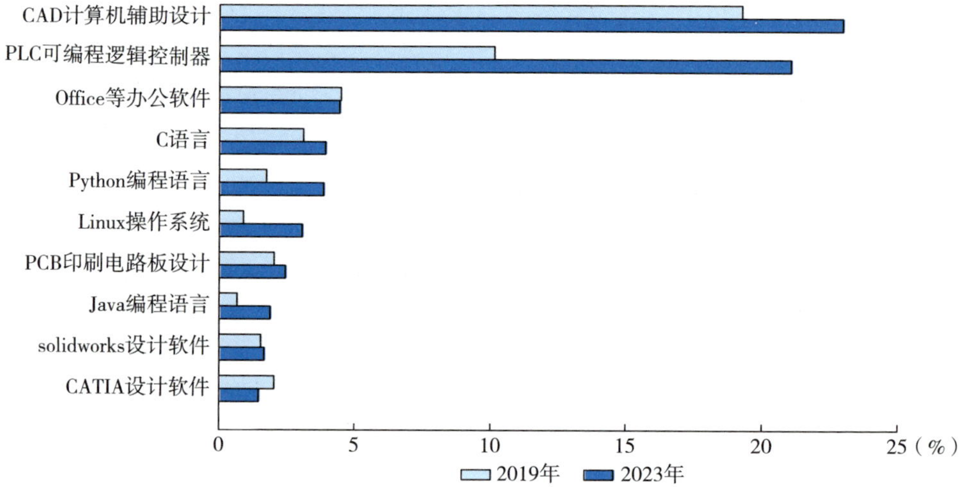


附录9图1　机械设计/制造/维修类岗位的硬技能需求变化趋势

资料来源：智联招聘、前程无忧。

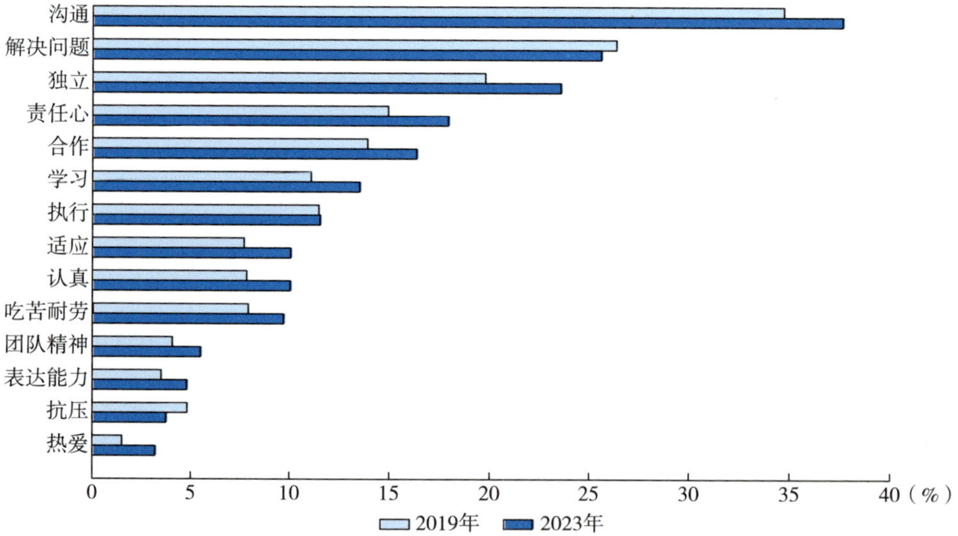


附录9图2　机械设计/制造/维修类岗位的软技能需求变化趋势

资料来源：智联招聘、前程无忧。

汽车制造类岗位越发注重各类软件的使用，表现为对于熟练掌握 UG、CAD 等辅助设计软件及常用办公软件的人才需求在增加，对于熟练使用三菱及欧姆龙等中大型 PLC 编写非标设备程序的人才需求也在上升（见附录 9 图 3）。同时，汽车制造类岗位也越发看重申请人是否熟悉 QC 流程、检验标准和方法。但该类岗位对于图纸和制图的需求以及能熟练使用 CATIA 等绘图软件的人才需求略有下降。

从软技能来看，汽车制造类岗位比较看重沟通能力、团队精神、吃苦耐劳以及独立解决生产中出现的工作技术问题等能力（见附录 9 图 4）。2019—2023 年，沟通能力、积极性、吃苦耐劳、细心的重要性大幅增加，其他能力如团队精神、学习能力、热爱工作、抗压能力等的需求也在不同程度上有所提升。

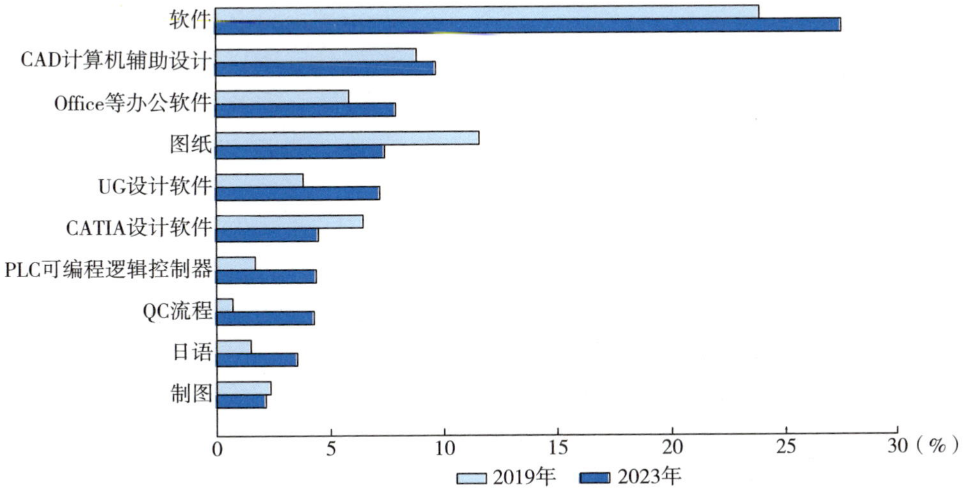


**附录 9 图 3　汽车制造类岗位的硬技能需求变化**

资料来源：智联招聘、前程无忧。

2019—2023 年，软件 / 互联网开发 / 系统集成类岗位显著偏向于招聘掌握 Java、SQL、Web 开发技术及 Linux 系统管理的专业人才，这一趋势反映了行业对高效编程语言、数据库管理以及强大服务器操作系统应用的强烈需求（见附录 9 图 5）。与此同时，尽管 C 语言与 CAD 在该领域仍具价值，但其在岗位需求中的比重有所下降。

软件 / 互联网开发 / 系统集成类岗位比较看重沟通能力、团队精神、学习能力以及独立能力等软技能（见附录 9 图 6）。2019—2023 年，学习能力、独立能力、团队精神、责任心的重要性大幅增加，其他能力如协调能力、抗压能力、适应性等的需求也在不同程度上有所降低。

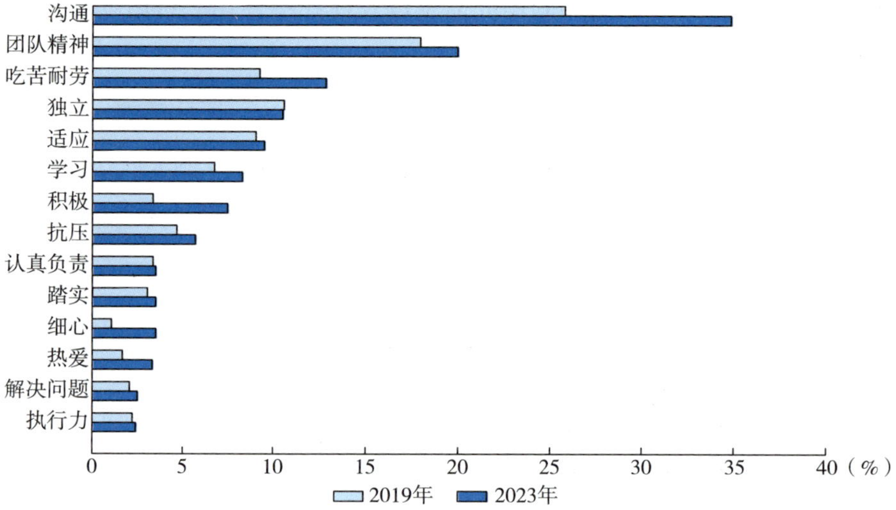


**附录 9 图 4　汽车制造类岗位的软技能需求变化**

资料来源：智联招聘、前程无忧。

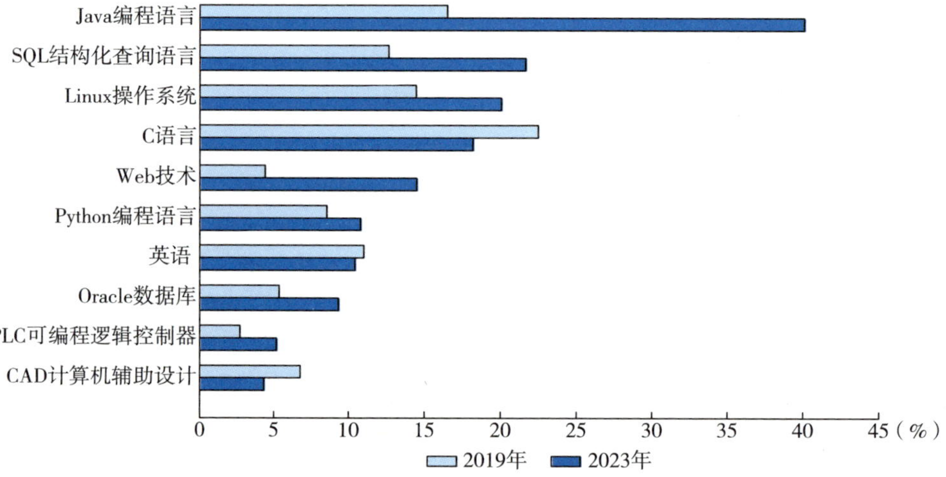


**附录 9 图 5　软件 / 互联网开发 / 系统集成类岗位的硬技能需求变化**

资料来源：智联招聘、前程无忧。

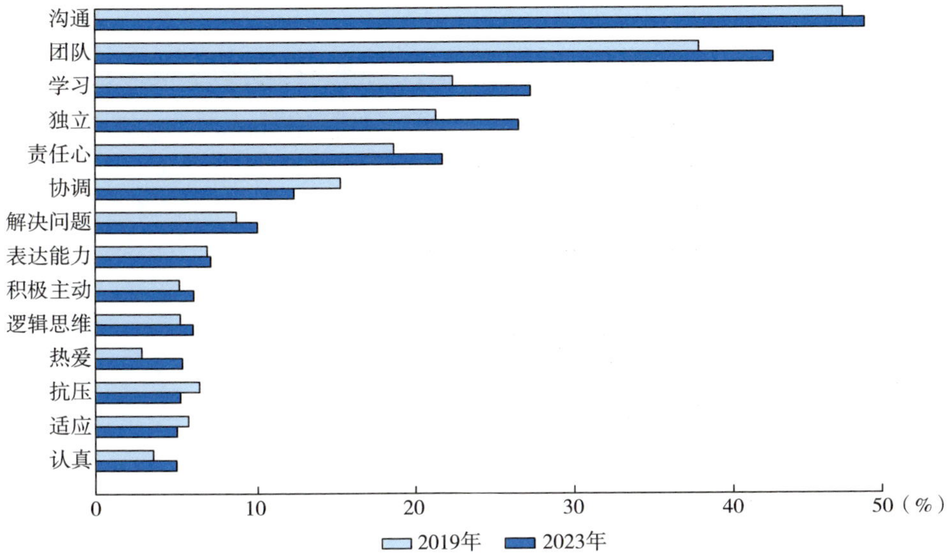


**附录 9 图 6　软件 / 互联网开发 / 系统集成类岗位的软技能需求变化**

资料来源：智联招聘、前程无忧。

互联网产品 / 运营管理类岗位对于劳动者掌握 Linux 系统管理、Web 开发技术以及 Python 编程语言的应用方法较为重视（见附录 9 图 7）。2019—2023 年，这类岗位对于掌握 Web 开发技术、Python、Linux 系统管理、C 语言技能的人才需求有所增加。与此同时，尽管企业资源规划（ERP）与办公自动化（OA）系统在互联网产品 / 运营管理类岗位中仍占有一席之地，但它们的重要性有所降低。

互联网产品 / 运营管理类岗位比较看重沟通能力、团队精神、学习能力等软技能（见附录 9 图 8）。2019—2023 年，这类岗位对于协调能力、团队精神、沟通能力、逻辑思维能力等硬技能需求有所增加，对于责任心、适应性、积极主动性、吃苦耐劳等软技能需求有所减少。

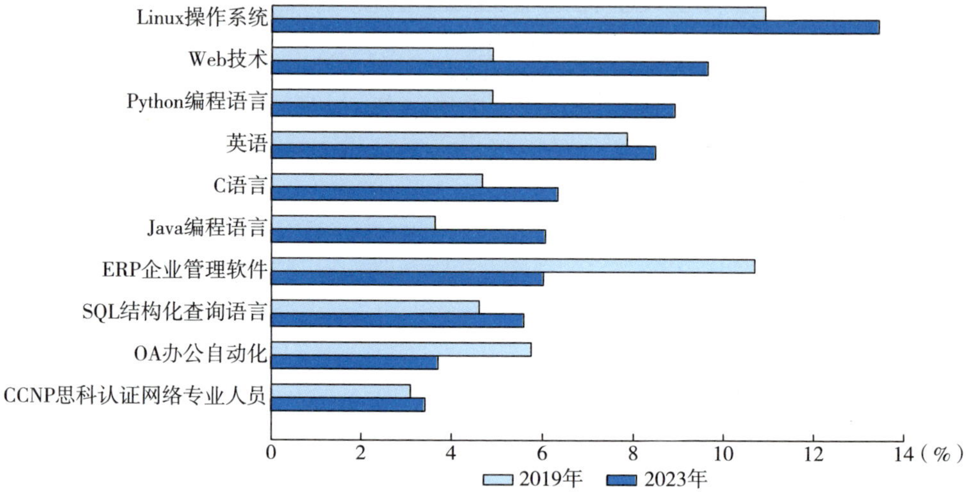


附录 9 图 7　互联网产品 / 运营管理类岗位的硬技能需求变化

资料来源：智联招聘、前程无忧。

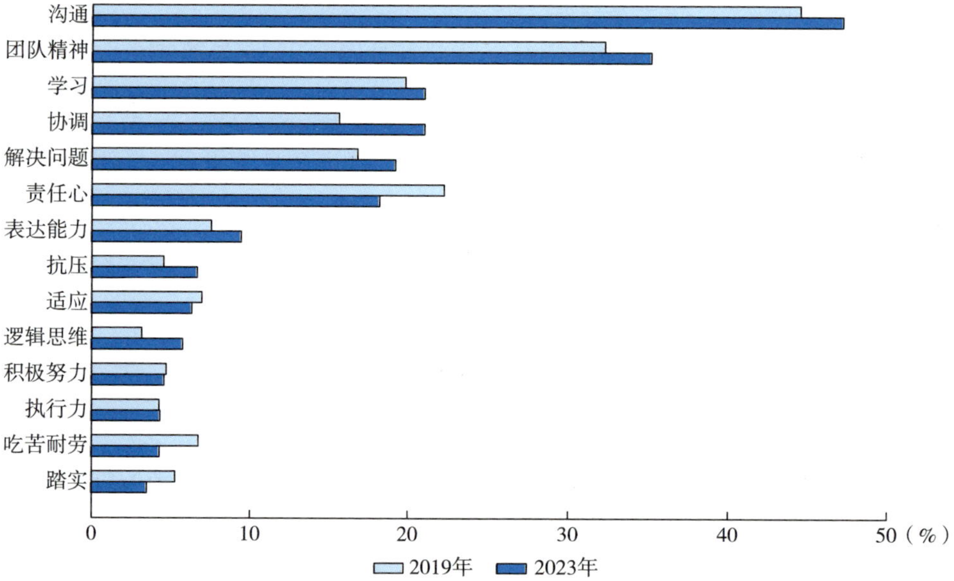


附录 9 图 8　互联网产品 / 运营管理类岗位的软技能需求变化

资料来源：智联招聘、前程无忧。

# 附录 10 同一岗位在不同行业的需求差异①

附录 10 表 1 同一岗位在不同行业的学历要求差异（以证券/期货/投资管理/服务岗为例）

| 年份 | 行业 | 初中及以下 | 高中/中专/中技 | 大专 | 本科 | 硕士 | 博士 |
|---|---|---|---|---|---|---|---|
| 2019 | 保险业 | 1.80% | 18.44% | 68.26% | 11.10% | 0.38% | 0.02% |
| 2019 | 土木工程建筑业 | 1.67% | 3.33% | 41.67% | 50.00% | 3.33% | 0.00% |
| 2019 | 教育 | 8.79% | 12.73% | 52.42% | 25.45% | 0.61% | 0.00% |
| 2020 | 保险业 | 2.76% | 12.40% | 69.70% | 14.45% | 0.67% | 0.02% |
| 2020 | 土木工程建筑业 | 1.82% | 5.45% | 27.27% | 61.82% | 3.64% | 0.00% |
| 2020 | 教育 | 2.86% | 5.00% | 42.86% | 45.35% | 3.93% | 0.00% |
| 2021 | 保险业 | 0.33% | 9.23% | 54.64% | 30.34% | 4.01% | 1.45% |
| 2021 | 土木工程建筑业 | 4.00% | 1.33% | 24.00% | 64.67% | 5.33% | 0.67% |
| 2021 | 教育 | 3.28% | 5.97% | 40.90% | 47.16% | 2.09% | 0.60% |
| 2022 | 保险业 | 0.52% | 4.48% | 52.26% | 40.52% | 2.14% | 0.06% |
| 2022 | 土木工程建筑业 | 6.57% | 0.73% | 21.90% | 54.74% | 16.06% | 0.00% |
| 2022 | 教育 | 5.69% | 7.11% | 45.02% | 37.44% | 4.74% | 0.00% |
| 2023 | 保险业 | 0.57% | 2.85% | 48.66% | 45.31% | 2.61% | 0.00% |
| 2023 | 土木工程建筑业 | 4.85% | 2.91% | 21.36% | 61.17% | 9.71% | 0.00% |
| 2023 | 教育 | 4.73% | 4.05% | 33.11% | 52.03% | 6.08% | 0.00% |

资料来源：智联招聘、前程无忧。

附录 10 表 2 同一岗位在不同行业的工作经验要求差异（以电子/电器/半导体/仪器/仪表岗为例）

| 年份 | 行业 | 无经验（包括在读学生） | 1 年及以下 | 1~2 年 | 3~5 年 | 6~9 年 | 10 年及以上 | 不限 |
|---|---|---|---|---|---|---|---|---|
| 2019 | 多式联运和运输代理业 | 23.53% | 32.35% | 17.65% | 11.76% | 8.83% | 0.00% | 5.88% |
| 2019 | 电气机械和器材制造业 | 21.57% | 13.51% | 22.98% | 27.67% | 8.82% | 0.22% | 5.23% |
| 2019 | 道路运输业 | 0.00% | 0.00% | 0.00% | 60.00% | 20.00% | 0.00% | 20.00% |
| 2020 | 多式联运和运输代理业 | 37.50% | 20.83% | 20.83% | 16.67% | 4.17% | 0.00% | 0.00% |
| 2020 | 电气机械和器材制造业 | 13.06% | 15.15% | 22.57% | 34.38% | 13.79% | 0.42% | 0.63% |

① 行业选取专用设备制造业、汽车制造业、仪器仪表制造业、互联网和相关服务业、软件和信息技术服务业以及计算机、通信和其他电子设备制造业。

续表

| 年份 | 行业 | 无经验（包括在读学生） | 1 年及以下 | 1~2 年 | 3~5 年 | 6~9 年 | 10 年及以上 | 不限 |
|---|---|---|---|---|---|---|---|---|
| 2020 | 道路运输业 | 11.11% | 33.33% | 11.11% | 33.33% | 11.11% | 0.00% | 0.00% |
| 2021 | 多式联运和运输代理业 | 32.84% | 23.88% | 20.90% | 19.40% | 2.99% | 0.00% | 0.00% |
| 2021 | 电气机械和器材制造业 | 14.97% | 14.15% | 21.83% | 32.11% | 14.28% | 0.51% | 2.16% |
| 2021 | 道路运输业 | 57.14% | 9.52% | 4.76% | 19.05% | 4.76% | 0.00% | 4.76% |
| 2022 | 多式联运和运输代理业 | 17.14% | 22.86% | 34.29% | 11.43% | 5.71% | 2.86% | 5.71% |
| 2022 | 电气机械和器材制造业 | 14.34% | 11.90% | 20.82% | 35.71% | 13.75% | 1.10% | 2.39% |
| 2022 | 道路运输业 | 0.00% | 28.57% | 28.57% | 28.57% | 14.29% | 0.00% | 0.00% |
| 2023 | 多式联运和运输代理业 | 15.00% | 25.00% | 10.00% | 25.00% | 0.00% | 0.00% | 25.00% |
| 2023 | 电气机械和器材制造业 | 11.35% | 8.21% | 18.97% | 34.38% | 20.49% | 1.10% | 5.50% |
| 2023 | 道路运输业 | 6.60% | 9.14% | 33.50% | 26.90% | 9.64% | 1.52% | 12.69% |

资料来源：智联招聘、前程无忧。

## 附录 11　同一岗位在不同行业的技能需求变化（以电子类岗位为例）

专用设备制造业，汽车制造业，计算机、通信和其他电子设备制造业，仪器仪表制造业，互联网和相关服务业，软件和信息技术服务业这六大不同行业的电子类岗位对硬技能需求展现出显著的差异性。

在专用设备制造业中，电子类岗位对于各种软件或者工具的使用需求都在增加（除 Altium 设计平台和办公软件外）（见附录 11 图 1）。在汽车制造业中，电子类岗位对于各类软件或工具的使用需求都在增加（除 C 语言编程和办公软件外）（见附录 11 图 2）。在计算机、通信和其他电子设备制造业中，电子类岗位对于现场可编程逻辑门阵列（FPGA）、C 语言编程以及日常办公软件的使用需求在增加（见附录 11 图 3）。在仪器仪表制造业中，电子类岗位对于 FPGA、电子设计自动化（EDA）工具以及办公软件的使用需求在增加（见附录 11 图 4）。在互联网和相关服务业中，电子类岗位对各种软件或者工具的使用需求都在增加（除 Linux 操作系统外）（见附录 11 图 5）。

在软件和信息技术服务业中，电子类岗位对于印制电路板（PCB）设计、FPGA 开发、C 语言编程、EDA 工具及办公软件等的使用需求在增加，对于熟悉 ARM 处理器、数字信号处理器（DSP）、Linux 操作系统及 Altium 专业技能的需求在减少（见附录 11 图 6）。

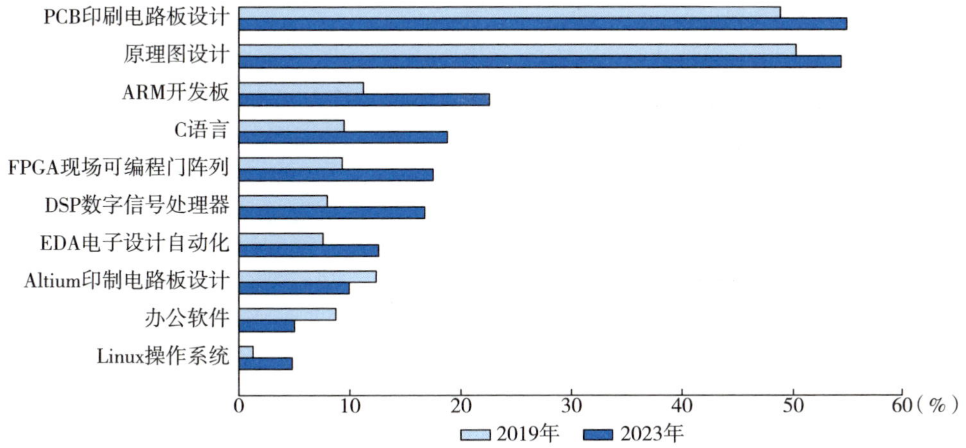


附录 11 图 1　专用设备制造业的硬技能需求变化

资料来源：智联招聘、前程无忧。

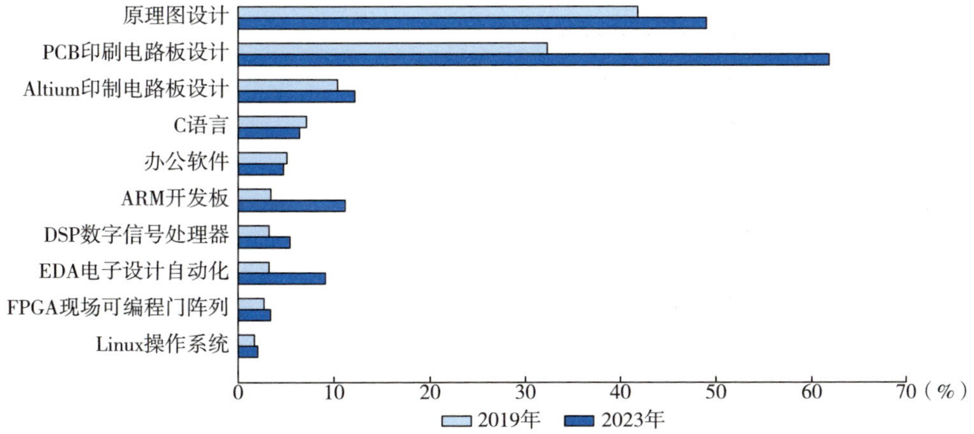


附录 11 图 2　汽车制造业的硬技能需求变化

资料来源：智联招聘、前程无忧。

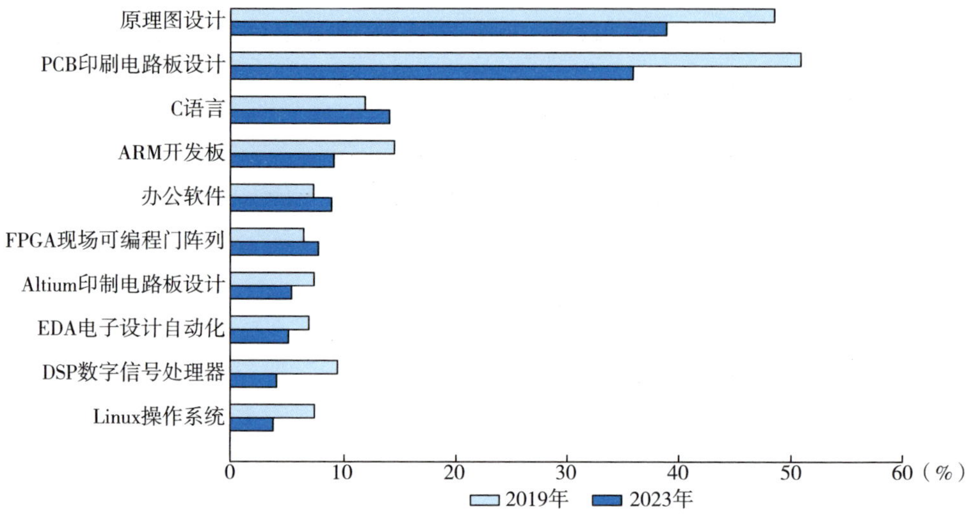


**附录 11 图 3　计算机、通信和其他电子设备制造业的硬技能需求变化**

资料来源：智联招聘、前程无忧。

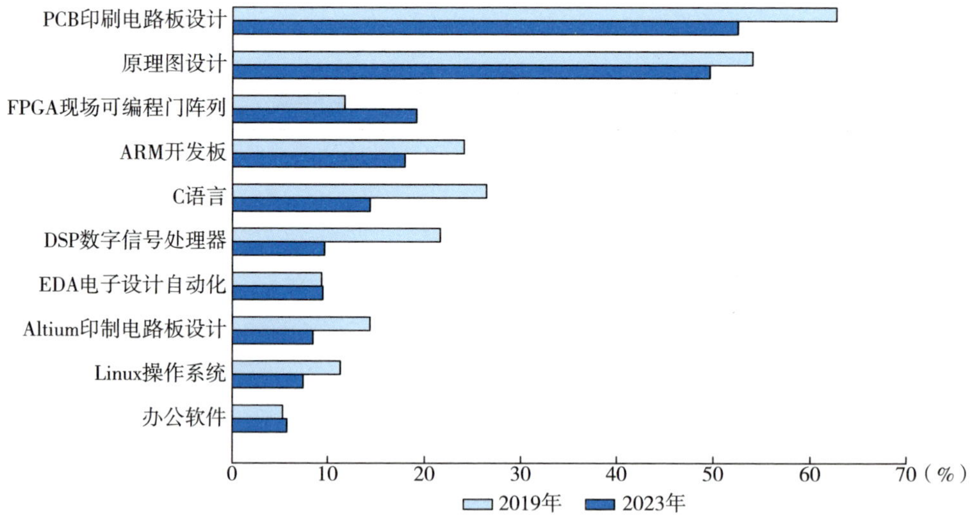


**附录 11 图 4　仪器仪表制造业的硬技能需求变化**

资料来源：智联招聘、前程无忧。

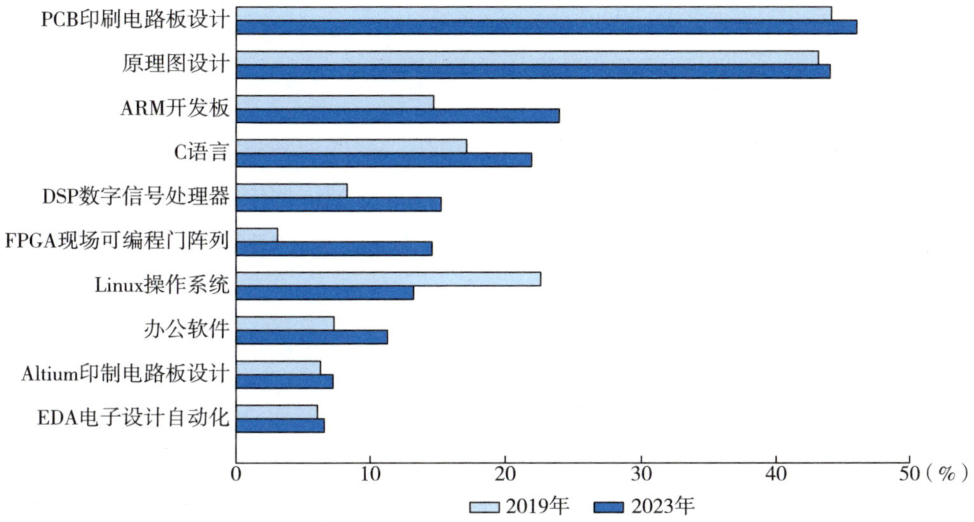


**附录 11 图 5　互联网和相关服务业的硬技能需求变化**

资料来源：智联招聘、前程无忧。

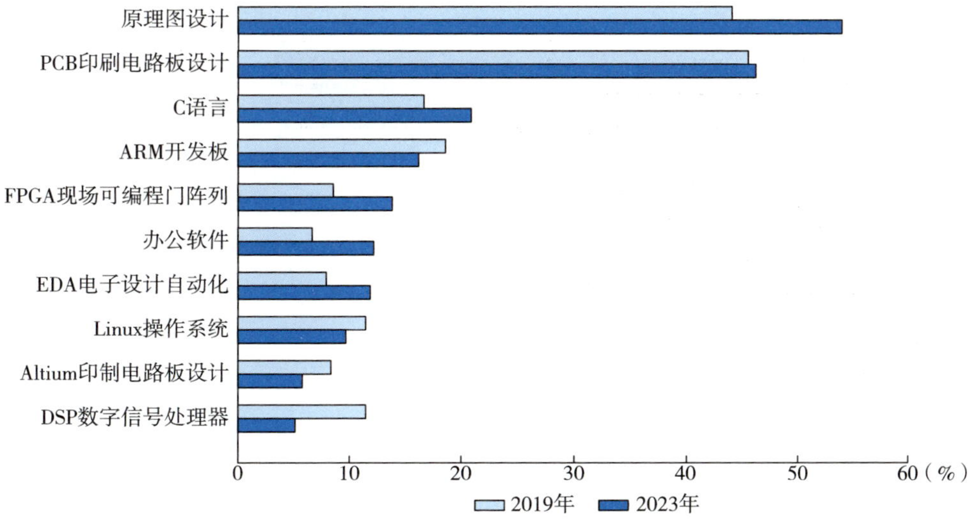


**附录 11 图 6　软件和信息技术服务业的硬技能需求变化**

资料来源：智联招聘、前程无忧。

六大行业的电子类岗位对于软技能的需求也有所不同。

在专用设备制造业中，电子类岗位越发看重解决问题能力、逻辑思维能力和学习能力（见附录 11 图 7）。在汽车制造业中，电子类岗位主要对于学习、认真做事和解决问题的能力需求在增加（见附录 11 图 8）。在计算机、通信和其他电子设备制造业中，电子类岗位主要对于沟通能力、逻辑思维能力、抗压能力的需求在增加（见附录 11 图 9）。在仪器仪表制造业中，电子类岗位对于沟通能力、责任心、抗压能力的需求在增加（见附录 11 图 10）。在互联网和相关服务业中，电子类岗位主要对于沟通能力、逻辑思维能力、表达能力的需求在增加（见附录 11 图 11）。在软件和信息技术服务业中，电子类岗位越发看重沟通能力、解决问题能力、学习能力以及抗压能力（见附录 11 图 12）。总之，各类行业都比较看重沟通能力、解决问题的能力。虽然是同一种能力，但其具体的能力内涵与应用场景因行业特性而异。例如，良好的沟通能力不仅要求从业者具备基本的交流技巧，还需深入了解并掌握所在行业的专业术语、市场动态及行业规范，以实现更为精准有效的信息传递与合作。

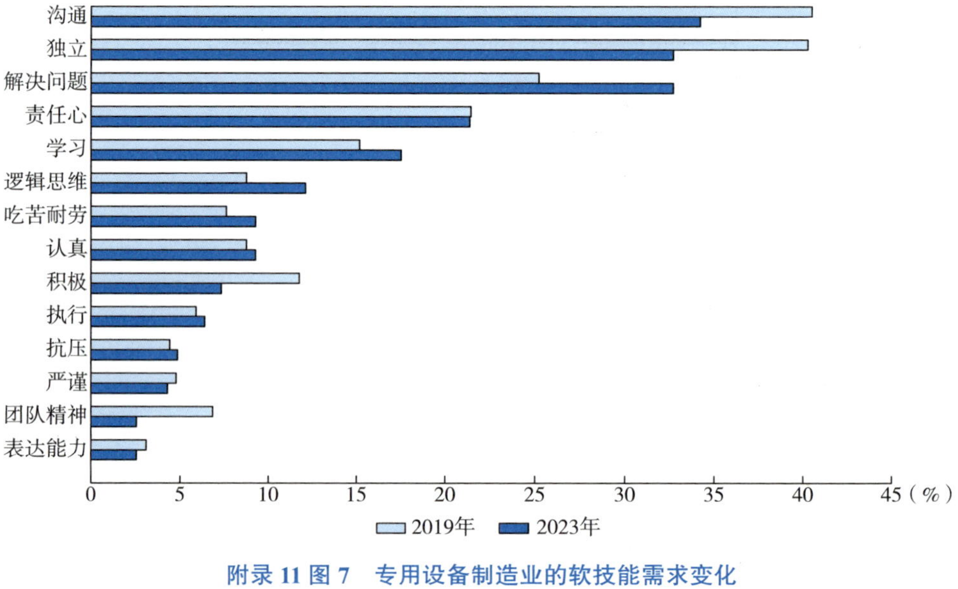


附录 11 图 7　专用设备制造业的软技能需求变化

资料来源：智联招聘、前程无忧。

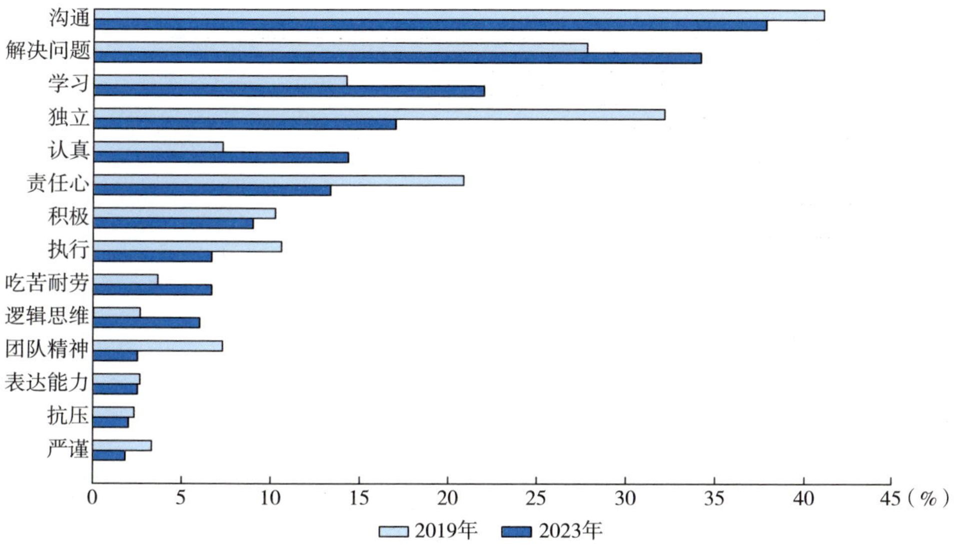


**附录 11 图 8　汽车制造业的软技能需求变化**

资料来源：智联招聘、前程无忧。

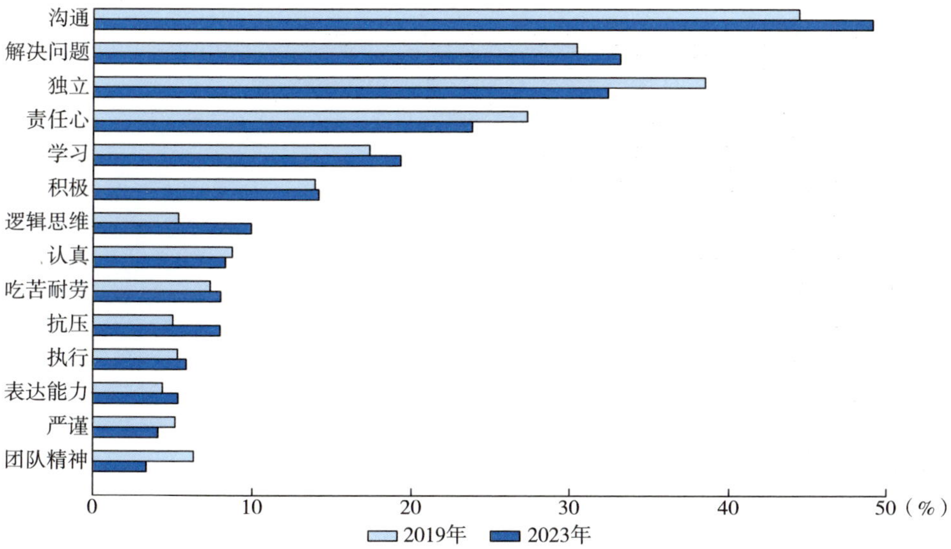


**附录 11 图 9　计算机、通信和其他电子设备制造业的软技能需求变化**

资料来源：智联招聘、前程无忧。

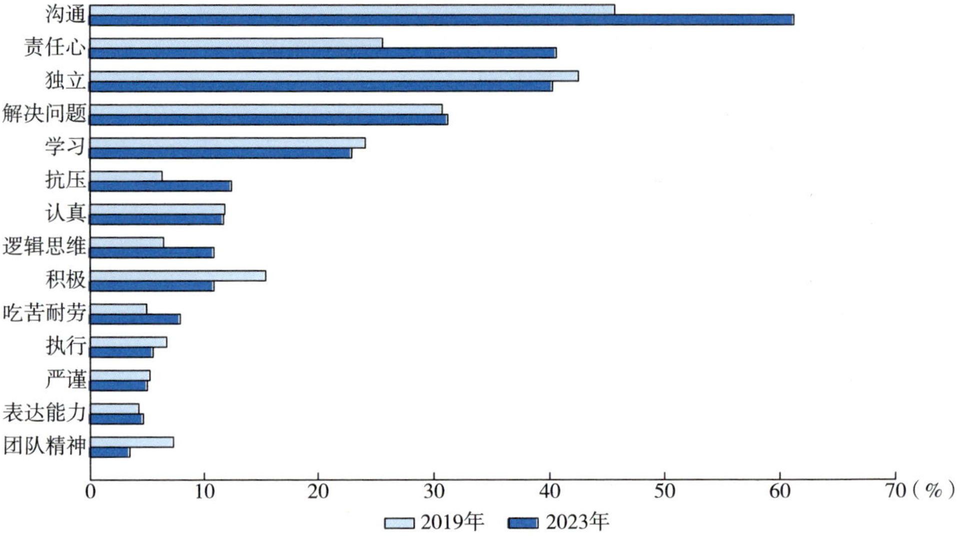


**附录 11 图 10　仪器仪表制造业的软技能需求变化**

资料来源：智联招聘、前程无忧。

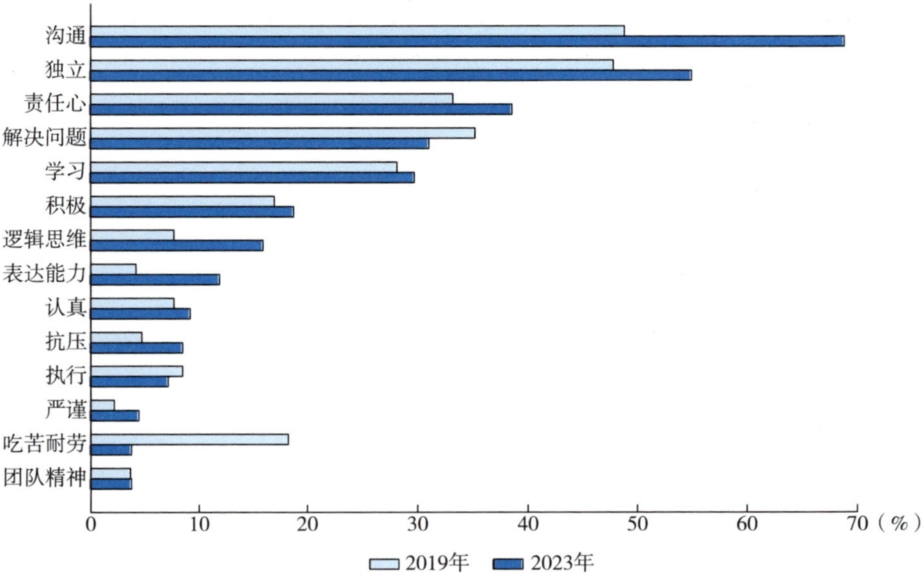


**附录 11 图 11　互联网和相关服务业的软技能需求变化**

资料来源：智联招聘、前程无忧。

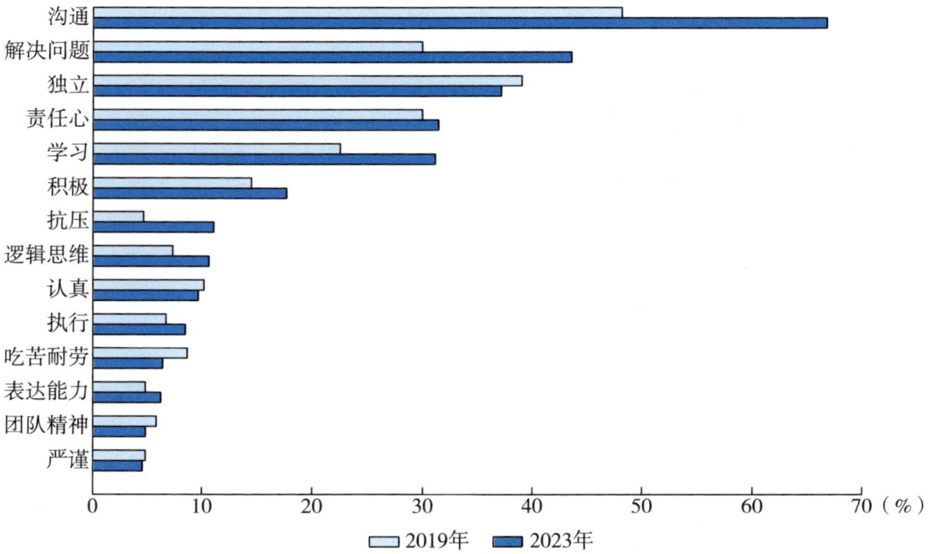


**附录 11 图 12　软件和信息技术服务业的软技能需求变化**

资料来源：智联招聘、前程无忧。

# 附录 12 参考政策文件

| 时间 | 发布单位 | 政策 | 主要内容 |
|---|---|---|---|
| 国家级政策综合类 | | | |
| 2015年7月 | 国务院 | 《关于积极推进“互联网+”行动的指导意见》 | 将人工智能列为11项重点行动之一，旨在依托互联网平台提供人工智能公共创新服务，加快人工智能核心技术突破，促进人工智能在智能家居、智能终端、智能汽车、机器人等领域的推广应用，培育若干引领全球人工智能发展的骨干企业和创新团队，形成创新活跃、开放合作、协同发展的产业生态 |
| 2016年3月 | 国务院 | 《中华人民共和国国民经济和社会发展第十三个五年规划纲要》 | 加快信息网络新技术开发应用。重点突破大数据和云计算关键技术、自主可控操作系统、高端工业和大型管理软件、新兴领域人工智能技术 |
| 2017年3月 | 国务院 | 《2017年政府工作报告》 | “人工智能”首次被写入政府工作报告。报告指出：一方面要加快培育新材料、新能源、人工智能、集成电路、生物制药、第五代移动通信等新兴产业；另一方面要应用大数据、云计算、物联网等技术，改造和提升传统产业，把发展智能制造作为主攻方向 |
| 2021年3月 | 国务院 | 《中华人民共和国国民经济和社会发展第十四个五年规划和2035年远景目标纲要》 | ①科技前沿领域。新一代人工智能需要突破前沿基础理论，研发专用芯片，构建深度学习框架等开源算法平台，在学习推理与决策、图像图形、语音视频、自然语言识别处理等领域实现创新。<br>②数字经济重点产业。建设重点行业人工智能数据集，发展算法推理训练场景，推进智能医疗装备、智能运载工具、智能识别系统等智能产品设计与制造，推动通用化和行业性人工智能开放平台建设。<br>③网络安全。加强网络安全关键技术研发，加快人工智能安全技术创新，提升网络安全产业综合竞争力。<br>④国防实力。深化军民科技协同创新，加强海洋、空天、网络空间、生物、新能源、人工智能、量子科技等领域军民统筹发展，推动军地科研设施资源共享，推进军地科研成果双向转化应用和重点产业发展 |

续表

| 时间 | 发布单位 | 政策 | 主要内容 |
| --- | --- | --- | --- |
| 2022年12月 | 中共中央、国务院 | 《扩大内需战略规划纲要（2022—2035年）》 | ①基础设施：推动人工智能、云计算等广泛、深度应用，促进“云、网、端”资源要素相互融合、智能配置。推动5G、人工智能、大数据等技术与交通物流、能源、生态环保、水利、应急、公共服务等深度融合，助力相关行业治理能力提升。<br>②新产业新产品：在人工智能、量子信息、脑科学等前沿领域实施一批前瞻性、战略性国家重大科技项目。全面提升信息技术产业核心竞争力，推动人工智能、先进通信、集成电路、新型显示、先进计算等技术创新和应用。<br>③现代商贸体系：加快物联网、人工智能等技术与商贸流通业态融合创新，同时注意防范垄断和安全风险 |
| 2023年2月 | 中共中央、国务院 | 《质量强国建设纲要》 | 提高产业质量竞争水平。推动产业质量升级，加快大数据、网络、人工智能等新技术的深度应用，促进现代服务业与先进制造业、现代农业融合发展 |
| 2024年7月 | 中共中央 | 《中共中央关于进一步全面深化改革 推进中国式现代化的决定》 | ①健全因地制宜发展新质生产力体制机制。加强关键共性技术、前沿引领技术、现代工程技术、颠覆性技术创新，加强新领域新赛道制度供给，建立未来产业投入增长机制，完善推动新一代信息技术、人工智能、航空航天、新能源、新材料、高端装备、生物医药、量子科技等战略性产业发展政策和治理体系，引导新兴产业健康有序发展。<br>②完善推进高质量共建“一带一路”机制。继续实施“一带一路”科技创新行动计划，加强绿色发展、数字经济、人工智能、能源、税收、金融、减灾等领域的多边合作平台建设。<br>③完善生成式人工智能发展和管理机制。<br>④加强网络安全体制建设，建立人工智能安全监管制度 |

续表

| 时间 | 发布单位 | 政策 | 主要内容 |
|---|---|---|---|
| 国家级政策人工智能类 | | | |
| 2017年7月 | 国务院 | 《新一代人工智能发展规划》 | 人工智能发展上升到国家战略层面，确定其战略目标分三步走：到2020年，新一代人工智能理论和技术取得重要进展；人工智能产业竞争力进入国际第一方阵；人工智能发展环境进一步优化。到2025年，新一代人工智能理论与技术体系初步建立；人工智能产业进入全球价值链高端；初步建立人工智能法律法规、伦理规范和政策体系。到2030年，形成较为成熟的新一代人工智能理论与技术体系；人工智能产业竞争力达到国际领先水平；建成更加完善的人工智能法律法规、伦理规范和政策体系 |
| 2017年12月 | 工业和信息化部 | 《促进新一代人工智能产业发展三年行动计划（2018—2020年）》 | 落实《新一代人工智能发展规划》，深入实施“中国制造2025”，突破重点领域，促进人工智能产业发展，提升制造业智能化水平，推动人工智能和实体经济深度融合 |
| 2019年6月 | 科技部 | 《新一代人工智能治理原则——发展负责任的人工智能》 | 突出了“发展负责任的人工智能”主题，强调了和谐友好、公平公正、包容共享、尊重隐私、安全可控、共担责任、开放协作、敏捷治理八条原则 |
| 2019年8月 | 科技部 | 《国家新一代人工智能开放创新平台建设工作指引》 | 通过开展细分领域的技术创新、促进成果扩散与转化应用、提供开放共享服务、引导中小微企业和行业开发者创新创业四个重点任务，促进人工智能技术成果的扩散与转化应用，使人工智能成为驱动实体经济建设和社会事业发展的新引擎 |
| 2019年8月 | 科技部 | 《国家新一代人工智能创新发展试验区建设工作指引》 | 通过开展人工智能技术应用示范、政策试验、社会实验、基础设施建设四个重点任务，力争到2023年，布局建设20个左右试验区，创新一批切实有效的政策工具，形成一批人工智能与经济社会发展深度融合的典型模式，积累一批可复制可推广的经验做法，打造一批具有重大引领带动作用的人工智能创新高地 |

续表

| 时间 | 发布单位 | 政策 | 主要内容 |
|---|---|---|---|
| 2019年11月 | 国家发展改革委、工业和信息化部、中央网信办、教育部、财政部、人力资源社会保障部、自然资源部、商务部、人民银行、市场监管总局、统计局、版权局、银保监会、证监会[①]、知识产权局 | 《关于推动先进制造业和现代服务业深度融合发展的实施意见》 | ①推进建设智能工厂。大力发展智能化解决方案服务，深化新一代信息技术、人工智能等应用，实现数据跨系统采集、传输、分析、应用，优化生产流程，提高效率和质量。<br>②深化制造业服务业和互联网融合发展。加快人工智能、5G等新一代信息技术在制造、服务企业的创新应用，逐步实现深度优化和智能决策 |
| 2020年7月 | 国家标准化管理委员会、中央网信办、国家发展改革委、科技部、工业和信息化部 | 《国家新一代人工智能标准体系建设指南》 | ①到2021年，明确人工智能标准化顶层设计，研究标准体系建设和标准研制的总体规则，明确标准之间的关系，指导人工智能标准化工作的有序开展，完成关键通用技术、关键领域技术、伦理等20项以上重点标准的预研工作。<br>②到2023年，初步建立人工智能标准体系，重点研制数据算法、系统、服务等重点急需标准，并率先在制造、交通、金融、安防、家居、养老、环保、教育、医疗健康、司法等重点行业和领域进行推进。建设人工智能标准试验验证平台，提供公共服务能力 |
| 2021年9月 | 科技部 | 《新一代人工智能伦理规范》 | 《伦理规范》提出了增进人类福祉、促进公平公正、保护隐私安全、确保可控可信、强化责任担当、提升伦理素养等6项基本伦理要求。同时，提出人工智能管理、研发、供应、使用等特定活动的18项具体伦理要求 |

① 2023年3月，中共中央、国务院印发《党和国家机构改革方案》（以下简称改革方案），组建国家金融监督管理总局将中国证券管理监督委员会调整为国务院直属机构。根据改革方案，国家金融监督管理总局在中国银保监会基础上组建，统一负责除证券业之外的金融业监管。不再保留中国银保监会。

续表

| 时间 | 发布单位 | 政策 | 主要内容 |
| --- | --- | --- | --- |
| 2022年7月 | 科技部、教育部、工业和信息化部、交通运输部、农业农村部、国家卫生健康委 | 《关于加快场景创新以人工智能高水平应用促进经济高质量发展的指导意见》 | 场景创新成为实现新技术迭代升级和产业快速增长的新路径。推动人工智能场景创新对于促进人工智能更高水平应用，更好支撑高质量发展具有重要意义。在以下四个方面打造人工智能重大场景。<br>①围绕高端高效智能经济培育打造重大场景。鼓励在制造、农业、物流、金融、商务、家居等重点行业深入挖掘人工智能技术应用场景，促进智能经济高端高效发展。<br>②围绕安全便捷智能社会建设打造重大场景。以更智能的城市、更贴心的社会为导向，在城市管理、交通治理、生态环保、医疗健康、教育、养老等领域持续挖掘人工智能应用场景机会，开展智能社会场景应用示范。<br>③围绕高水平科研活动打造重大场景。推动人工智能技术成为解决数学、化学、地学、材料、生物和空间科学等领域的重大科学问题的新范式。<br>④围绕国家重大活动和重大工程打造重大场景。在亚运会、全运会、进博会、服贸会等重大活动和重要会议举办中，拓展人工智能应用场景，为人工智能技术和产品应用提供测试、验证机会。鼓励在战略骨干通道、高速铁路、港航设施、现代化机场建设等重大建设工程中运用人工智能技术，提升重大工程建设效率 |
| 2022年8月 | 科技部 | 《关于支持建设新一代人工智能示范应用场景的通知》 | 坚持面向世界科技前沿、面向经济主战场、面向国家重大需求、面向人民生命健康，充分发挥人工智能赋能经济社会发展的作用，围绕构建全链条、全过程的人工智能行业应用生态，支持一批基础较好的人工智能应用场景，加强研发上下游配合与新技术集成，打造形成一批可复制、可推广的标杆型示范应用场景。首批支持建设智慧农场、智能港口、智能矿山、智能工厂、智慧家居、智能教育、自动驾驶、智能诊疗、智慧法院、智能供应链十个示范应用场景 |

续表

| 时间 | 发布单位 | 政策 | 主要内容 |
|---|---|---|---|
| 2023年7月 | 国家网信办、国家发展改革委、教育部、科技部、工业和信息化部、公安部、广电总局 | 《生成式人工智能服务管理暂行办法》 | 为生成式人工智能服务提供监管规则和法律责任 |
| 2024年6月 | 工业和信息化部、中央网络安全和信息化委员会办公室、国家发展改革委、国家标准委 | 《国家人工智能产业综合标准化体系建设指南（2024版）》 | 到2026年，标准与产业科技创新的联动水平持续提升，新制定国家标准和行业标准50项以上，引领人工智能产业高质量发展的标准体系加快形成。开展标准宣贯和实施推广的企业超过1000家，标准服务企业创新发展的成效更加凸显。参与制定国际标准20项以上，促进人工智能产业全球化发展 |
| **国家级政策人才培养类** | | | |
| 2018年4月 | 教育部 | 《高等学校人工智能创新行动计划》 | 细化高等学校在人工智能领域的创新行动，引导高校瞄准世界科技前沿，强化基础研究，实现前瞻性基础研究和引领性原创成果的重大突破，并在科技创新、人才培养、科技成果转化与示范应用方面发挥积极作用 |
| 2020年1月 | 教育部、国家发展改革委、财政部 | 《关于“双一流”建设高校促进学科融合 加快人工智能领域研究生培养的若干意见》 | 提出要依托“双一流”建设，深化人工智能内涵，构建基础理论人才与“人工智能+X”复合型人才并重的培养体系，探索深度融合的学科建设和人才培养新模式，着力提升人工智能领域研究生培养水平，为我国抢占世界科技前沿，实现引领性原创成果的重大突破，提供更加充分的人才支撑 |

续表

| 时间 | 发布单位 | 政策 | 主要内容 |
|---|---|---|---|
| 2021年5月 | 国家发展改革委、教育部、人力资源社会保障部 | 《“十四五”时期教育强国推进工程实施方案》 | 按照关于加强经济社会发展重点领域急需学科专业建设和人才培养的有关文件精神，优先考虑、重点支持集成电路、人工智能、储能技术、量子科技、高端装备、智能制造、生物技术、医学攻关、数字经济（含区块链）、生物育种等相关学科专业教学和科研设施建设 |
| 2023年2月 | 教育部、国家发展改革委、工业和信息化部、财政部、人力资源社会保障部 | 《普通高等教育学科专业设置调整优化改革方案》 | 到2025年，优化调整高校20%左右学科专业布点，新设一批适应新技术、新产业、新业态、新模式的学科专业，淘汰不适应经济社会发展的学科专业；基础学科特别是理科和基础医科本科专业点占比进一步提高；建好10000个左右国家级一流专业点、300个左右基础学科拔尖学生培养基地；在具有一定国际影响力、对服务国家重大战略需求发挥重要作用的学科取得突破，形成一大批特色优势学科专业集群；建设一批未来技术学院、现代产业学院、高水平公共卫生学院、卓越工程师学院，建成一批专业特色学院，人才自主培养能力显著提升。到2035年，高等教育学科专业结构更加协调、特色更加彰显、优化调整机制更加完善，形成高水平人才自主培养体系，有力支撑建设一流人才方阵、构建一流大学体系，实现高等教育高质量发展，建成高等教育强国 |
| 2023年6月 | 中共中央办公厅、国务院办公厅 | 《关于构建优质均衡的基本公共教育服务体系的意见》 | 开展人工智能助推教师队伍建设行动，全面提高校长办学治校能力和教师教育教学水平 |
| 2023年9月 | 人力资源社会保障部、工业和信息化部 | 《关于实施专精特新中小企业就业创业扬帆计划的通知》 | 支持技术技能人才发展。按照国家有关规定，动态调整职称专业设置，根据当地产业发展和专精特新中小企业需要，增设人工智能、大数据、工业互联网等新专业，健全完善职业标准和评价标准体系。贯通继续教育、职称评审、职业培训政策，依托数字技术工程师培育项目取得高级专业技术等级证书的，可作为申报高级职称的重要参考；取得中级、初级专业技术等级证书的，可纳入各地各部门中级、初级职称认定范围 |

续表

| 时间 | 发布单位 | 政策 | 主要内容 |
| --- | --- | --- | --- |
| 国家级政策就业类 | | | |
| 2021年8月 | 国务院 | 《“十四五”就业促进规划》 | ①提高人才培养质量。加大数字人才培育力度，适应人工智能等技术发展需要，建立多层次、多类型的数字人才培养机制。<br>②增强公共就业服务能力。加快公共就业服务智慧化升级，推动公共就业服务向移动终端、自助平台延伸，打造集政策解读、业务办理等于一体的人工智能服务模式，逐步实现服务事项“一网通办”。<br>③积极应对人工智能等智能化技术应用对就业的影响。建立人工智能等智能化技术应用对就业影响的跟踪研判和协同应对机制，避免其就业替代效应短期内集中释放。构建不同行业、不同业态间的转岗机制，加快劳动者知识和技能更新速度，广泛开展人工智能等智能化技术应用适应性、储备性培训，提升人工智能等智能化技术通用技能，充分放大其就业创造效应 |
| 2024年9月 | 中共中央、国务院 | 《关于实施就业优先战略促进高质量充分就业的意见》 | ①推行数字赋能的就业公共服务模式。建立全国统一的就业信息资源库，推出全国就业公共服务平台，实现就业事项一体化办理、精准化服务、智能化监管。推广数字赋能、实地摸排、精准服务的模式，推进人力资源社会保障、教育、公安、民政、税务、市场监管等部门数据共享比对，将政策和服务主动精准推送给用人单位和劳动者。<br>②防范化解重大风险。积极应对人工智能等新兴技术快速发展对就业的影响 |